JN177470

日本はこの国難にどう対処すべきか

元陸将
福山 隆

ビジネス社

推薦の言葉

チャンネルくららが自信を持って送り出す名著！
軍事と地政学で、未来を読む。

倉山満（憲政史研究家）

まえがき――日本が危ない!!

日本国民の生命が、脅威にさらされている。

大統領に就任したトランプは、落ち目の米国を「アメリカ・ファースト」のスローガンにより建て直し、中国を封じ込めて、再びアジア太平洋の覇権を握ろうとしている。

一方の習近平国家主席も、共産党独裁政権の「核心」――事実上の独裁者――の威信にかけて、米国に対してミサイル、爆撃機、潜水艦などで恫喝。米軍を第一列島線以遠に追い出して、西太平洋やインド洋のシーレーンを確保しようとしている。

また朝鮮半島がいよいよ危なくなってきた。とどまることを知らない金正恩主導の核ミサイル開発が米国の許容の限界点を超えたことで、米中衝突の引き金となる「北東アジアの火薬庫」につながる導火線に火がつけられた感がある。

このようにトランプ大統領の登場を契機に、米中激突のリスクが高まる恐れがある。米中が激突すれば、日本はそれに巻き込まれ、中国からの数千発のミサイル攻撃などにより、太平洋戦争時を上回る数百万の人命が失われる。国土は、東京大空襲や広島・長崎の被爆時のように焼野原になるかもしれない。

安倍総理は「日米安保条約の深化・日米同盟の強化」を図り、米軍の力により中国の脅威を抑止しようとしている。だが、日米安保条約は「もろ刃の剣」で、日本の平和と安全にとって「薬」ともなるが、「毒薬」にもなりうる。すなわち平時において、日米安保条約は中国の日本侵攻の野心を抑止する「薬」として役立つが、米中が激突する場合には日本は戦争に巻き込まれ、耐えられないほどの損害を被ることが懸念される。いわば「毒薬」に化すこともあるのだ。

米中が激突する場合は、核戦争にエスカレートしないようにお互いが「手加減」を加えて戦い、双方の領土・市民を直接攻撃することには慎重になると思われる。その代わり、在日米軍基地のある日本という「戦場」においては、両国は遠慮会釈なく振る舞うだろう。米軍は家族や軍属も含め、激突以前に日本から逃げ出すだろう。

日本は平時においては中国に対する抑止力として日米同盟・安保条約を堅持する必要があるが、有事には米中衝突に巻き込まれないように米国と一定の距離を維持する必要がある。私はこのことを「ジャパン・ディフェンス・パラドックス」と呼ぶことにする。日本は、この難題について、叡智を結集して解決しなければならない。

本書では米中衝突が高まるリスクについて分析している。そして日本国民の生命と財産の損害を局限するための方策を旧弊にとらわれず真剣に考えてみた。

従来、日本政府が想定していた「国土内（内陸部）」における戦闘を、沖縄戦の反省――国民を戦闘に巻き込み甚大な損害を出した――から止めるべきだと提言する。そのうえで、新たな国防戦略として、離島を活用して海空自衛隊を主体に中国を「水際以遠」で防ぐことに注力することを提案したい。

本書執筆にあたっては、「国家の風水学」ともいうべき日本、米国、中国、朝鮮半島の地政学を情勢分析の基礎として採用した。

日本においては、米国のマティス国防長官やマクマスター大統領補佐官（国家安全保障担当）のように、軍人（自衛官）や元軍人の知見を活用する習いがない。とはいえ、筆者は制服を脱いだ今も、志は現役といささかも変わらず、日本国・国民の安寧を願い、拙いかもしれないが、国防に対する熱い思いを本書に託した次第である。

著者

第2章 トランプ政権の対中戦略・構想——二つの選択肢

第3章 米中衝突の発火点・朝鮮半島の地政学10則

第4章 日本は「米中激突」という国難に何をすべきか

序章

未来予測の手法
——情報分析の根底にある地政学と歴史

現代の占い師は情報機関

人生、オギャーと誕生した瞬間から様々な脅威・リスクと向き合うことになる。人生は不確実性に満ち、不安で一杯だ。これは人間個人についてもいえるが、家族、会社、社会、さらには国家においても同じだ。歴史に登場する王様や大統領などはいずれも国家や民族を指導していく上で、不安に苛まれてきた。

「一寸先は闇」のたとえ通り、人間は一寸先さえも確実には読めない。もしも将来に起こることが映画「バック・トゥ・ザ・フューチャー」の主人公のようにタイムマシンで分かるなら、競馬で万馬券を当てることができる。為政者は何の不安もなく先手・先手で問題を解決できる。

タイムマシンに代わるのが、〝占い師〟だ。有名なものとしては、レーガン大統領夫人ナンシーの例がある。彼女は1981年の大統領暗殺未遂事件以後、夫レーガンの安全を守るためとして占星家を重用するようになったという。この占星家は、「よい日」、「普通の日」、「避けるべき日」を示した。結果として、このことがホワイトハウスのスケジュール決定に影響を及ぼすようになり、重大なトラブルの原因となったという。これが原因で首席補佐官のドナルド・リーガンはナンシーと対立することとなり、最終的には辞職している。

トランプやプーチンら現在の国家元首の将来予測は占い師に頼るのではなく、情報機関がその役目を果たしている。

米国には国家情報長官統括のもと、中央情報局（CIA）、国家安全保障局（NSA）など15の情報機関が存在する。もっともオバマ政権下のCIAがトランプの対ロ融和路線に反発し、大統領選の期間中から「トランプはロシアに弱みを握られている」との情報を流したという。そこでトランプはCIAを「ナチス呼ばわり」した経緯がある。ちなみに情報機関は「もろ刃の剣」で、CIAやFBIを敵に回せばトランプさえも危ない。

一方、ロシアには連邦保安庁（FSB）やロシア連邦軍参謀本部の情報総局（GRU）など五つの情報機関がある。トランプとは対照的に旧ソ連の情報機関KGB出身のプーチンは、その操縦が巧みである。

ひるがえって日本の情報能力はどうだろう。私は日本の情報能力のたとえとして「目のない鷹、耳の短い兎」と表現している。本来鋭い視力を持っているはずの鷹だが、日本という鷹は〝弱視〟である。日本を兎にたとえれば、その耳は〝短耳〟なのだ。「日本丸」

は文字通り、羅針盤すらない「一寸先は闇」の状態で、荒れ狂う海原を航海しているのだ。トランプ政権登場で、安倍総理は自動車貿易問題などで交渉を迫られるだろう。安倍総理は米国の情報をほとんど持っていないが、トランプはCIAによる日本官僚の抱きこみやNSAによる盗聴などにより、日本政府の交渉案を手に取るように知悉している可能性が高い。日米の情報能力格差は、たとえて言えば、「日本は米国を望遠鏡で見ているが、米国は日本を電子顕微鏡・内視鏡で覗いている」と言えるのではないだろうか。

情報分析の手法——地政学と歴史がベース

情報機関は集めた情報(インフォーメーション)を分析して、外交・国防戦略を策定し、それを実行に移すために必要なレベル(用途)の知識に精製する。こうして案出された知識のことをインテリジェンスと呼ぶ。これを料理にたとえれば、インフォーメーションは「食材」にあたり、この食材を調理して「料理」にしたのがインテリジェンスである。

インフォーメーションを使って、インテリジェンスを作る手法は世界の情報機関がそれぞれ開発・確立している。得られるインフォーメーションを分析して真実を見い出すことが情報分析の真髄である。

第1図　朝鮮半島の将来予測（情報分析）の手法

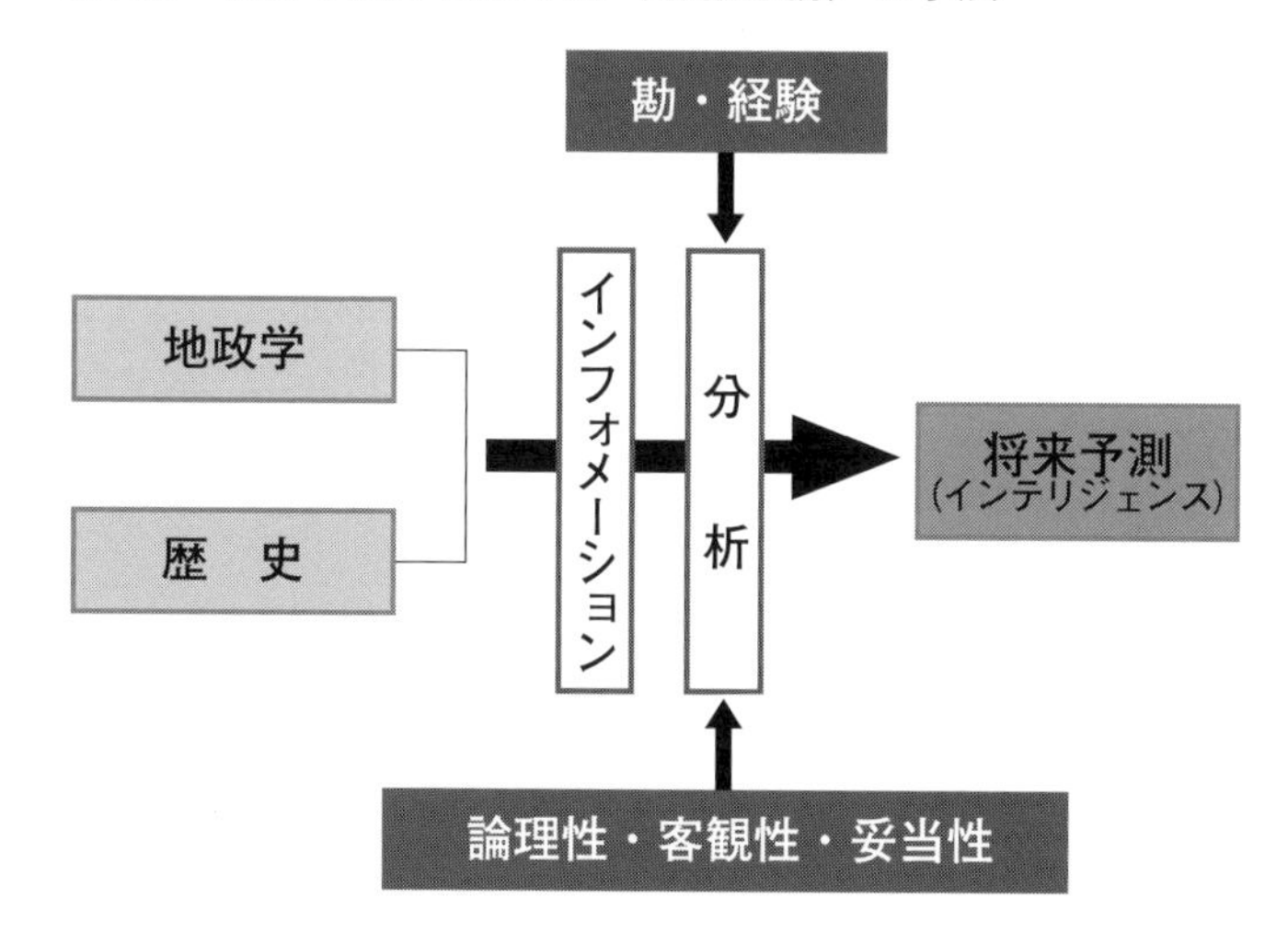

第1図は、私が考えた朝鮮半島の将来を予測するための情報分析の一案である。「地政学」と「歴史」をベースに、収集したインフォメーションを分析してインテリジェンスに加工するというものだ。分析する際は、分析して導き出すインテリジェンスの「明確な使用目的」を念頭に、様々な情報を組み合わせて、論理性、客観性、妥当性などの観点から整合を図りながら、まるでジグソーパズルを組み立てるように行なう。この際、分析者の経験と勘もフルに活用する。この作業は推理小説の刑事が犯罪捜査の場面で、犯人に関する様々な情報を集め、これを分析して真犯人を見つけ出す手法をイメージしてほしい。

ここで注目してほしいのは、情報分析の基礎に「歴史」と「地政学」を反映させていることだ。情報分析において、歴史と地政学は絶対に無視できない要素であると確信している。

「歴史は繰り返す」という古代ローマの歴史家クルティウス・ルフスの箴言(しんげん)がある。その意味は、「人間の本質は変わらないため、過去にあったことは再び後の時代にも繰り返して起こる」というものだ。所詮、人間がやることには時代を超えて共通点がある。ロシアの極東進出や中国の領土拡張などは、まさしく「歴史的に繰り返している」と言わざるを得ない。

情報を分析する上では、このように歴史的な傾向を踏まえておけば、大きく誤ることは少ない。同様に地政学も将来を占う上では、極めて重要な要素となる。

地政学とは何か

陸上自衛隊の将校にとってもっとも重要な「表芸」は「戦術」である。私は昭和52年8月から2年間、市ヶ谷の陸自幹部学校指揮幕僚課程（Command and General Staff Course、以下「CGS」）で「戦術」を学んだ。CGSは旧陸軍の陸軍大学に相当するものだ。当時、

ＣＧＳにおける戦術教育は、明治18年にドイツ人のお雇い教官メッケル少佐が持ち込んだ古色蒼然たる教育方法を継承していた。

ＣＧＳの2年間の教育の重点は、「師団クラスの図上戦術（攻撃と防御が主体）」であった。この図上戦術の教育を通じ、徹底的に「状況判断—意思決定の手法」を叩き込まれた。状況判断においては、①任務、②敵情と味方の状況の他に、③戦場の地形に関する分析（視界・射界、障害、戦場を支配する「緊要地形」とそれに至る「接近経路」など）が判断の重要な要素となる。

私は戦術を学んではじめて戦闘と地形が密接な関係にあることを知った。特定の地形・地域の占領・支配が戦闘の勝敗に決定的な影響を及ぼす。その例は、戦史をひも解けば枚挙にいとまない。地形の活用で戦勝を獲得した古戦史の例としては「山崎の戦い」が有名だ。「山崎の戦い」とは、天正10年（１５８２年）6月に織田信長を討った明智光秀とその仇討ちを果たそうとする羽柴秀吉の合戦のことだ。この戦いでは天王山を先取した秀吉が勝利した。このことから天王山のことを「天下分け目の天王山」と呼ぶようになった。また日露戦争においては、旅順港に逃げ込んだロシア東洋艦隊を陸上から大砲で観測射撃するために重要な「２０３高地の奪取」が第3軍司令官の乃木希典大将に課せられた必須の任務であった。

ＣＧＳでの教育においては、「鳥の目、虫の目」をもって地形を見るように指導された。地形を「鳥の目」の高みからマクロに大観すると同時に、「虫の目」でミクロに見るということだ。

地政学とは、「地理的な環境」が国家に与える政治的、軍事的、経済的な影響を、「巨視的な視点」で研究するものである。視点を、「鳥の目」よりも、さらにはるかに高い・遠い場所――偵察衛星や月面――に置き、地球上の陸地や海洋を大きな塊として超マクロに観察することが必要となる。地政学はイギリス、ドイツ、米国などで国家戦略に科学的根拠と正当性を与えることを目的として研究され、発達してきた。

ここで筆者流の地政学を紹介したい。私は地政学とは「国家の風水」だと考える。風水とは、古代中国の思想で、これによれば、都市、家、墓などの「地理的な位置」が吉凶禍福を決定するという考え方だ。この考え方は常識的で理解しやすい。家の位置を例に取れば、山の南斜面で日当たりが良いところと、それとは真逆の山の裏側の日陰のジメジメしたところでは、おのずと居住条件に差が生ずるのは当然だ。日当たりの良い山の南斜面のほうが住人の健康には良いに決まっている。家運が栄えるのだ。また、都市についても、その地理的位置が交通や経済発展などに決定的な影響を与えるのは当然だ。都市発生・発展の歴史から、宿場町、門前町、商港町、軍港町、鉱山町などに区分されるが、その地理的要素が都市を性格付ける大きなファクターであることが頷ける。

私は風水同様に「国家それぞれが、丸い地球の上のいずれの場所に位置するか――地理的条件によって、その吉凶禍福が大きく左右される」という仮説を提唱している。この仮説も、読者のみなさんには違和感なく受け入れていただけるだろう。国家の吉凶禍福とは、経済発展上の利不利や安全保障上の利不利などのことである。

「金正恩が暴走する朝鮮半島情勢はどのように展開するだろうか？」、「トランプ政権誕生により米中関係はどのように推移するのか？」などについて情勢分析する際には、現在の「日々起こる出来事」を収集・分析して、将来を展望するだけでは不十分だ。私の考えとしては、情勢分析の土台として「地政学」と「歴史」についての認識・洞察が不可欠だと思う。これらの関係を海にたとえれば、「日々起こる出来事」は「水面上の波」であり、海面下を流れる「海流」に相当するのが「地政学と歴史」だと思う。

第1章

米国と中国の地政学
——マハンのシーパワー理論

日本はもっと同盟国を知るべきだ

結婚とは、男女が運命を共にする契りを結ぶことだ。だから、結婚をする時には、お互いに運命を共にするに値する相手かどうか、相手の氏素性・来歴などの個人情報を徹底的に調べるのが一般的だ。もっとも近頃では、恋にのぼせて盲目となり、相手をしっかり観察しなかったため、後で悔やんだり離婚するケースが増えているのも事実。結婚後も、油断できない。相手が浮気していないか、興信所に調査を依頼する人もいる。

さて、国家間で取り交わす同盟は、いわば国家と国家の結婚に相当するものだと思う。結婚するに当たって、相手のことを知る努力をするのと同様に、私たちは同盟の相手国の内情や信頼性などについて十分に知る必要がある。同盟締結後も、継続的に相手国が浮気しないかどうかを確認することが必要だ。「日米安保条約」に国の命運を委ねる日本は、米国について徹底的に理解・研究することが必須であろう。

旧陸軍のエリートは、ドイツ留学や駐独大使館勤務組が栄達し、米国を知る将軍は少なかった。歴史に「イフ（ｉｆ）」というのは、せん無いことだが、「米国を知る」ということからいえば、日米開戦前に山本五十六提督のような知米派の実力者（将軍・提督、政治家）

があと10名ほどもいたら、太平洋戦争は回避できたかもしれない。

私は、陸自退官後の2年間、ハーバード大学アジアセンターに上級客員研究員として勉強する機会を頂いた。この間、米国に身を置いて実感したことは、私自身、米国についてあまりにも無知であるということだった。

一方、米国は日本のことを徹底的に解明する努力をしていることを知った。同国の対日情報の凄さの一端を紹介しよう。なんと日本研究者（博士クラス）が２０００人以上もいる。彼らは難なく日本語をペラペラしゃべり、日本語の文献を読み込んで、日本に関する様々な分野に精通している。そんな学者が２０００人以上もいるのだ。

私がハーバードで見た日本研究者（白人）の一例を紹介しよう。ある時、志賀直哉の文学についての講義があるというので、どんなものか参加してみた（ハーバードの授業は参加自由だった）。その講義は「暗夜行路」の主人公の心理分析を行なうものだった。

米国人の志賀直哉研究者は主人公の心が変化し、ついには「ある悟り」を覚えるに至る心理分析を見事にやった。日本人の学者でそういう研究をやっている人がいるのだろうか。私は国文学についての素養もなければ、日本の大学の授業に出たこともないので、日米の比較はできないが、のちにこの授業に参加した日本人留学生（国文学専攻）に聞いたところでは、とても高いレベルのものだということだった。

「こんなレベルの日本研究者が２０００人以上もいるのか」と改めて驚いた。もちろん、日本のことについては憲法から歴史、政治、経済、社会、教育そして国防など各分野にわたって網羅しているのは当然だ。彼らはジャパノロジストと呼ばれ、故エドウィン・ライシャワーやエズラ・ボーゲルなどが有名だ。

これらの学者に加え、日本にはＣＩＡなど多数の情報機関要員が活動している。また、これら情報要員には、大勢の日本人協力者がいると見るのが常識だ。日本の公安警察はロシアや中国の情報要員はマークするが、米国の情報要員は野放しの状態だ。

このように米国の対日情報・研究のレベルは、「顕微鏡」で日本を観察している、あるいは「内視鏡」で内臓の中まで見ている――という表現がふさわしい。一方、日本は米国について余りにも情報不足で「望遠鏡」で遠望しているというレベルだ。これでは勝負にならない。日米の情報格差は、戦前も今も変わらないようだ。

米国は卓越した日本情報を駆使して、戦後の占領支配を継続し、日本を自在にコントロールしてきた。日本をコントロールする人たちはジャパン・ハンドラーズ（日本管理・操縦責任者）と呼ばれ、リチャード・アーミテージ、マイケル・グリーン、ジョセフ・ナイなどが有名だ。

戦後日本の対米関係を総括すれば、われわれ日本人は、「米国のことを十分に知らずして、自らの運命を委ね、自在にコントロールされている」といっても過言ではない。

マハンのシーパワー理論

米国は欧州からの移民に始まり独立後も、西へ西へとフロンティアを推し進めた。そしてついに１８９０年「フロンティアの消滅」を宣言した。「フロンティア」とは実際には「インディアン掃討の最前線」であり、「フロンティアの消滅」とは、インディアンの掃討作戦が完了したことを意味する。

米国はフロンティア推進と並行して領土拡大を目指し、フランス領ルイジアナ、スペイン領フロリダ、さらにロシア領アラスカを購入した。また、テキサス共和国を併合した後、米墨戦争でメキシコに勝利してカリフォルニアを獲得した。これによりハワイを除き、現在の米国本土エリアがほぼ確立された。また１８５０年代のカリフォルニア・ゴールドラッシュにより、白人の移住が加速され、それまで空白だった西部発展の基盤が作られた。

米国はカリフォルニアを手に入れたことで、太平洋の向こうにある日本・支那などアジア市場へのアクセスが可能となった。折しもペリーの砲艦外交により徳川幕府の鎖国政策が打破され、米国は１８５８年の日米修好通商条約により、日本という太平洋シーレーンの中継地を確保した。ブキャナン大統領時代には、同条約批准のために咸臨丸が太平洋を越えてサンフランシスコに来航した。使節団一行は、ワシントン、ニューヨークなどで極めて盛大な歓迎を受けた。この一大イベントは、当時の米国人識者たちに支那・日本などアジア市場の重要性・可能性を強く印象付けた。

この頃に北部と南部の対立が激化、南北戦争に発展した。結果は北部が勝利し、米国は分裂を回避し、統一した考えの下での国家建設が可能となった。

その後、交通・輸送・通信面については1869年には大陸横断鉄道が完成し、1867年にはサンフランシスコと支那を結ぶ蒸気船航路――「太平洋ハイウェイ」と呼ばれる――が開設され、米国とアジア市場がつながった。また、1861年には大陸横断電信網が開設された。

19世紀末には、大西洋・太平洋の波濤を越えて運行できる高速・大型の船舶の建造も可能となった。

このような流れの中で、大西洋と太平洋にまたがる大国の体裁を確立した直後の米国の指導者は何を考えたのだろうか。恐らく「今後、旧大陸の欧州・アジア諸国といかに関わるか？　米国が世界に冠たる国家に成長するためにはどうすればよいのか？」と自問したはずだ。まさにこのタイミング――1890年――に、米国の「魂」の一つとなるマハンの『海上権力史論』が世に出た。私はマハンの同書がやがて世界の超大国に発展する米国の「戦略指南書」に相当するものと捉えている。その価値は今も色褪せることなく、今日の「パクス・アメリカーナ（米国の平和）」を維持するための「戦略指南書」であり続けていると確信する。

米国の地政学

宇宙船から俯瞰した米国本土の姿をもっとも抽象的に表現すれば、「北・南米大陸と太平・大西洋がクロスする『十字架』の中心に位置する国」と言えるのではないだろうか。十字架はキリストが磔刑に処された時の刑具で、キリスト教でもっとも重要な象徴である。縦方向（南北）に伸びる「北・南米大陸」が「十字架の『縦の棒』」に相当する。また、「横の棒」は、米国を中心としてアジアとヨーロッパの東西に伸びる太平・大西洋の海原（シーレーン）である。すなわち米国は南・北アメリカ大陸の中枢を占め、太平洋と大西洋を越えてユーラシア（旧）大陸にアクセスできる位置に存在する。

米国は地政学上、二つの特色（利・不利）を有する。第一の特色は、前述の「十字架の『横の棒』」に由来するもので、「広大無辺の太平洋と大西洋を隔てて、アジアとヨーロッパに対面すること」である。このことにより米国は西欧とアジアに出現する強大な国家（現在の中国や冷戦時代のソ連）の脅威に対して十二分なバッファーゾーンを保有している（利点）。

逆に不利点として、米国はアジア・ヨーロッパと通商するために太平洋と大西洋という広大な海原を越えなければならない。大西洋と太平洋は世界でもっとも広大な海洋で、サンフランシスコから東京までの距離は８２７０㎞、ニューヨークとロンドンの距離は約５５００㎞もある。したがって米国が旧大陸諸国家と通商を行ない、覇権を争うためには「広大無辺の海洋を克服」する必要がある。

米国の地政学上の第二特色は、「十字架の『縦の棒』」に由来するものである。すなわち米国は、「縦の棒」に相当する「北・南米大陸」により隔絶され、大西洋と太平洋との往来が極めて困難である。両大洋を往来するためには、北はベーリング海峡を、南はホーン岬を越えなければならない。しかもベーリング海峡は、7月から10月以外の間は結氷状態になる。両大洋を往来するためには、マハン時代の蒸気船の速度では、膨大な時間を要した。ちなみに１８９８年にスペインとの間で起きた米西戦争当時、米国は太平洋艦隊所属の戦艦オレゴンを南米ホーン岬経由でカリブ海正面へ派遣した。オレゴンは総航路約２万㎞を67日間かけ、フロリダの米海軍基地パームビーチに到着したという。

第2図　アメリカの地政学⇒「十字架」

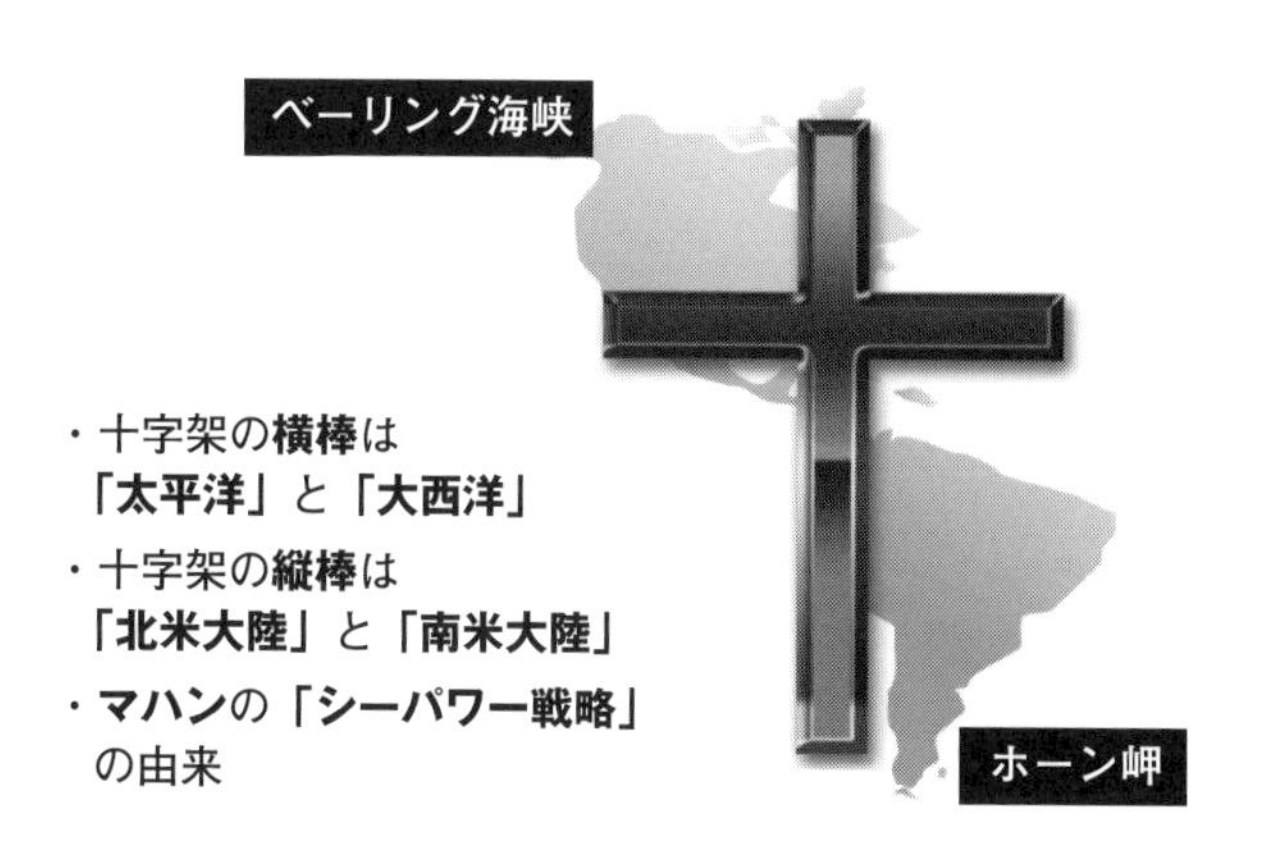

そこで米国の地政学的な特色に由来する軍事・経済・通商上の課題について考えてみよう。米国の地政学上の第一の特色——「広大無辺の太平洋と大西洋を隔てて、アジアとヨーロッパに対面すること」——により軍事上、経済・通商上克服しなければならない課題は次の通りである。

①米国が旧大陸の諸国家と通商を行なうためには、大量の商船が必要である。商船を運航するために造船業の振興、港湾の整備、船員の養成などが必要となる。当然、通商を行なう相手国内の港湾にアクセス権を持たなければならない。

②商船を防護し、通商相手国に睨みを利かせるためには、強大な海軍の建設が不可

欠となる。当時、米国の海軍は、アジアとの通商を維持・防護するためと、ヨーロッパ列強による大西洋を超えた侵攻を防衛のために必要となった。

③米国はアジアとヨーロッパに至る長大なシーレーン（通商航路）を確保する必要があった。なお大西洋においては、米国が独立する頃には、すでに英国やスペインなどがシーレーンを確立していた。米国は新たにアジア向けのシーレーン「太平洋ハイウェイ」の構築を急ぐ必要があった。このシーレーン上には中継基地を設ける必要があった。基地は商船のみならず、海軍のためのものでもある。石炭・弾薬などの補給や船舶修理などの機能が必要だった。このためにハワイやグアム、さらにフィリピンなどの基地を設置する必要が生じた。

米国の地政学上の第二の特色に「北・南米大陸により隔絶され、大西洋と太平洋との往来が極めて困難で、両大洋を往来するためには、北はベーリング海峡を、南はホーン岬を越えなければならない」という制約があるが、軍事上、経済・通商上克服しなければならない課題は次の通りである。

米海軍は太平洋と大西洋の二正面に配備しなければならなかった。マハンの時代には、英国、スペイン、フランス、ドイツなどの脅威が大西洋を越えてカリブ海まで迫っていた。

また太平洋正面には、新たに明治維新後「富国強兵」に励む大日本帝国が台頭しつつあった。このため米国は太平洋と大西洋の両正面に海軍を配備しなければならず、結果としてその戦力は、二分されることになった。ワシントン海軍軍縮条約（１９２２年）で米国および英国と日本の保有艦の総排水量比率を「５対３」で合意した背景には、米・英両海軍が太平洋と大西洋の二正面をカバーしなければならないのに対し、日本海軍は太平洋のみを守備領域にすればよかったからではないだろうか。

有事に米国は二大洋のいずれかに戦力を集中するために南・北アメリカ大陸を横断する運河を建設する必要が生じた。その場所は、陸地がもっとも狭くなるパナマ地峡が最適だった。

マハンが『海上権力史論』を構想・執筆する上で前提とした米国の地政学の大要は、この通りだったと思われる。

私が、『海上権力史論』の執筆するに際してのマハンの心を推察するに、「国家の行く末を思う海軍軍人として、世界の超大国になり得る基盤を確立した米国の発展をどのように方向付けるか」、「自ら奉職する米海軍の発展をどのようにして意義・論理付けるか」という２点を、潜在的かつ当然のモチーフとして考えていたものと思う。

マハンのシーパワー理論の要点

マハンが戦史を分析して到達したシーパワー理論のエッセンスをもっとも簡潔に要約すれば、「海軍は商船によって生じ、商船の消滅によって消えるものである」というもの。これに少し補足説明すれば、「『生産』『海運』『植民地』という循環する三要素が海洋国家の政策・繁栄のカギであり、この三者を結ぶために必要な『商船隊と海軍力と根拠地』をシーパワーと総称する」と、いえる。すなわちシーパワーとは、「海軍力の優越によって制海権を確立し、その下で海上貿易を行ない、海外市場を獲得して国家に富と偉大さをもたらす力」である。

マハンの戦略思想の核心についてさらに別の表現をすれば、「国力、国の繁栄、国の安全にとって、シーパワーは不可欠のものであり、制海権が戦局にとって決定的な要素である。それゆえ制海権を握り、戦略的に重要な地点を確保した国が歴史を支配した。歴史の示すところでは、国力、富、国家の威信、安全は巨大なシーパワーの保有と、その巧みな運用の副産物である」とも言える。マハンはこの証左として、「ローマの地中海支配がハンニバルをして長途の危険な陸路の進軍を余儀なくさせ、英海軍の英仏海峡支配がナポレオンに英国上陸を断念させたこと」などの史実を挙げている。

また、「海上戦略の本質は、基本的には、『通商のための制海権の争奪』であり、もっとも迅速かつ効果的な戦略（具体的方策）は決戦海域での敵海軍の撃滅、敵植民地の孤立化、敵港湾の封鎖、重要海峡の封鎖である」と述べている。マハンのこの教えは、今日米中が東・南シナ海や西太平洋をめぐり葛藤している様を見事に予言しているではないか。

マハンは父デニス・マハン（陸軍士官学校教官）の影響で、ナポレオンの参謀を経験したアンリ・ジョミニが書いた『戦争概論』を研究した。これにヒントを得て、「海軍の戦略・戦術の根本原則は、『勝敗を決する場所（決勝点）に敵に優越するだけの戦力を集中し、他の戦闘正面では決勝点での勝利が決するまで、敵が兵力を決勝点に移動できないように牽制・持久すること』である」と結論付けた。また陸上戦闘における兵站補給の重要性を念頭に、海軍にとっての基地の重要性を指摘し、カリブ海や太平洋に、貯炭所や弾薬集積所などの基地を設けることを主張した。後に、ハワイやグアムなどがその理論を実現した。

このようなマハンの考え方に立てば、当時の米国海軍の現状は憂慮すべき状況であった。当時の米国海軍の伝統的な考え方は、「沿岸防衛と商船護衛」を重視するものであった。

マハンはこの考え方を改めて、「米海軍の主目的・目標は、敵の海軍そのものであり、制海権を確保するためには何よりも『戦艦』が必要であり、従来の防衛的な『巡洋艦』中心の海軍の編成や海軍力の造成を改めるべきだ」、と殊あるごとに主張してやまなかった。

マハンは、「イギリスの政治家が歴史におけるシーパワーの役割について正確に理解していたから、世界最大で最良のイギリス海軍を作り上げることができた」とし、暗に米国の政治家にシーパワーについての理解を促した。

ところで今日、中国の海軍が急速に台頭しつつあるが、これに関してマハンは興味深い予言（中国を名指しするものではないが）を残している。「歴史を見るに、たとえ1カ所でも大陸と国境を有する国（A）は、仮に人口も資源も少ない島国（B）が競争相手国であれば、海軍の建設競争ではAはBに勝てないという決定的事実を歴史は示している」と。Aを「中国」Bを「日本あるいは米国」と読み替えれば、今後、マハンの予言が的中するのかどうか興味深い。

『海上権力史論』が米国の国家戦略に及ぼした影響

米国は『海上権力史論』が出版されるまで欧州列国の脅威を恐れ、いわば「引きこもり」状態だったのだ。マハン信奉者のセオドア・ルーズベルト大統領（在任1901～1909年）は就任以降、彼の理論・政策を積極的に取り入れ、国家戦略を180度転換し「攻め」

の方針を採用した。米国は遅ればせながら帝国主義国家として、アジアに植民地・市場を求めて乗り出すことになる。

シーパワー理論がいくら価値あるものであっても、国策（国家戦略）として採用されなければ、単なる「理論」として終わっていたはずだ。その著書も海軍大学校などの図書館の中で、古ぼけた本として眠ってしまうところだった。

マハンのシーパワー理論を理解し、「新興国米国の国策・戦略として最適である」と見抜くだけの慧眼(けいがん)を有し、これを国策に採用・実行した男――それがセオドア・ルーズベルト大統領であった。ルーズベルトはシーパワー理論が自国の将来を拓く「戦略指南の書」であることを直感的に見抜いたのだった。ルーズベルトは、後のパクス・アメリカーナの時代が来るのを予見したのだろう。

ちなみにルーズベルトは日本の政治家・金子堅太郎と知り合い、日露戦争の停戦を仲介し、その功績でノーベル平和賞を受賞している。

ルーズベルトが実現したマハンのシーパワー理論には以下が挙げられる。

第一に、米海軍力の強化（戦艦建造）に執念を燃やした。大統領としての在任期間に11隻もの戦艦を新造した上、さらに4隻もの戦艦建造を議会に認めさせた。

第二は、海外海軍基地の獲得とパナマ運河の建設である。アジアに進出するためには、「太平洋ハイウェイ」途中の要所に基地が必要だった。また、太平洋と大西洋に二分して展開される宿命にある米海軍戦力を短時間にいずれか一方の海洋に移動・集中するためには、パナマ運河の建設が不可欠だった。

まず基地に関しては、ルーズベルトが海軍次官の時に起こった米西戦争でスペインに勝利し、フィリピン、グアムおよびプエルトリコを獲得した。またマハンの再三の指摘で、ハワイの地政学的重要性の認識を深めた米国は、ハワイ共和国を謀略に近いやり方で併合し自治領とした。

ルーズベルトはマハンの教示でパナマ運河建設の地政学的重要性を認識して連邦議会で運河建設を決定したが、パナマ地峡を領有するコロンビアの承認が得られなかった。しかしパナマがコロンビアから独立するや、ルーズベルトはただちにパナマを承認した。そしてパナマ運河条約を結び、永久租借権などを取得し工事に着手した。なお運河は米国の本格着工から10年の歳月をかけて1914年に開通した。それはルーズベルトが大統領を辞して5年後だった。

米国が中国に対する「門戸開放・機会均等」（1899年、ヘイ国務長官）を宣言し、遅ればせながら海外進出・植民地獲得に本格的に乗り出そうとするまさにそのタイミングに、ルーズベルトが大統領に就任（1901年）したわけだ。米国にとっては最適任の大統領を得たことになる。米国の今日の隆盛は、「マハンの知恵」と「ルーズベルトの実行力」によりその礎が確立されたといえるだろう。

今日、黄禍論は消えたのか

マハンとルーズベルトは、実は人種差別主義者だった。彼らの時代、黄禍論が欧米諸国を風靡した。その根底には、「白人に比べ黄色人種は劣等人種」という思いがあった。当時、日本を除けば、ほとんどの黄色人種の国は欧米白人国家の植民地支配下にあり、白人が黄色人種を支配する構造が確立されていた。黄禍論は、その白人の優位性が黄色人種に脅かされるのではないかという恐怖感に根ざすものだった。それゆえ特に米国において白人の優位性を維持確保するため、移民を制限・排除・差別する様々な政策・制度などが作られた。今日のトランプの移民制限政策に似ている。

マハンは、「日本人移民の流入をこのまま放っておくと、10年も経たないうちにロッキー山脈以西の人口の大半が日本人によって占められ、日本化されてしまう。その権利を日本に認めるくらいなら、私は明日にでも戦争をするほうを選ぶ」とイギリスの知人にあてた手紙で本音を吐露している。

また、ルーズベルトは日露戦争の結果を見て「日本は東洋で恐るべき勢力となり、将来米国と戦争をすることになるかもしれない」、と不安を漏らし、以下のような対日戦略を実行した。

①日露戦争の講和を斡旋し、日露の一方に大勝させず「痛み分け」させるとともに、これを梃子に自らが中国利権に食い込もうとした。

②「オレンジ戦争計画」の策定。彼は日露戦争直後、台頭する日本を念頭に、対日戦争を想定した「オレンジ戦争計画」を初めて策定した。後に太平洋戦争においては、この作戦計画のシナリオ通り推移した。

③白色に塗装した新造戦艦16隻基幹による世界一周航海を実施した。航海の主目的は米海軍の戦力を、特に日露戦争に勝ったばかりの日本に誇示することだったといわれる。文字通りの「砲艦外交」であった。

この時代に激しく燃え上がった黄禍論は、やがて日米が全面衝突する太平洋戦争に発展し、双方が厳しく憎しみ合う熾烈な戦いへとエスカレートした。米国はドイツとも戦ったが、日系米国人のみを強制収用・隔離した。さらに広島と長崎に対する原子爆弾投下を決定するに至らしめた淵源には、黄禍論が存在していたからではないか。

1990年、在沖縄米海兵隊司令官スタックポール少将は「米軍が日本から撤退すれば、すでに強力な軍事力を持つ日本はさらに増強するだろう。われわれは『瓶のふた』のようなものだ」とホンネを漏らした。日米安保条約は日本を自立させない「瓶のふた」という発想の根底には、黄禍論があるのではないだろうか。

私たち日本人は、トランプを大統領の座につけたワスプが支配する米国の深層心理の中にいまだ黄禍論が息づいていることを認識する必要があろう。今日同国が直面している、中国との覇権争いやISなどイスラム勢力との対テロ戦争の底流にも黄禍論と一脈通じる人種差別があるものと思う。

中国もマハンの門徒

今日、中国が依拠する3人の「M」がいる。毛沢東、マルクス、そしてマハンである。毛沢東とマルクスが中国といかに関わっているかについては説明の必要もないだろう。意外に思われるのがマハンであろう。実は中国もマハンの門徒であり、現在の軍事戦略・政策はマハンのシーパワー理論を忠実に実践しつつあると私は見ている。万が一、中国がそうは自覚していない場合でも、そのシーパワー理論を正しくトレースしているのは事実だと思う。

とはいえ誇り高い中国は、マハンが米国人であることから「中国がマハンの門徒であることを喧伝すべきではない」と考えているのだろう。

いずれにせよ、中国にとってマハンこそが仮想敵国米国を打倒して、世界の超大国に発展する上での「指南役」なのだ。米国と覇権を争い、次なる「世界の覇者」になるためには、シーパワー理論を活用するしか道はない。

そもそも中国はユーラシア大陸の大陸側正面と黄海、東シナ海、南シナ海、さらには太平洋という海洋側正面に挟まれている。しかし次のような理由で米国同様に「海洋国家」と呼ぶのがふさわしく、その発展のためにはシーパワー理論が「道標」として必要なのだ。

中国は、北朝鮮、ロシアやモンゴルなど全部で14の国家と国境を接している。冷戦時代は旧ソ連と対立関係にあり、81万余の巨大な陸軍兵力を国境沿いに展開していたが、国境問題が解決され、大陸正面の圧力が大幅に緩和された。そこで力を海洋正面に向けることができるようになった。

大陸側正面はタクラマカン砂漠、ゴビ砂漠、ヒマラヤ山脈などの地形障害により陸上経由の通商は著しく制限される。このため中国は、海洋正面に糧を求めて発展せざるを得ない。中国が将来も「世界の工場」加工貿易立国として発展し、13億人以上の人口を養うためには、石油・天然ガス・食料などの資源を安定的に手に入れる必要がある。また、工業製品を輸出するためには、東シナ海や南シナ海などを経て、太平洋やインド洋にシーレーンを確保しなければならない。中国の輸出入の約90％以上は海上経由で行なわれている。石油の海外依存度は、２０２０年には67％にまで拡大すると見られる。また、輸入する石油の80％以上は、中国の「大動脈」を梗塞させうるチョークポイントとして有名なマラッカ海峡と南シナ海を経由している。このような脆弱性を克服するためには海軍の近代化が不可欠だ。また、周辺海域には石油や天然ガスなどの海洋資源があるほか、係争中の領土問題もある。

先にマハンのシーパワー理論のエッセンスとして、「海洋国家として発展するためには『生産』、『海運』、『植民地』という『循環する三要素』がカギである」と説明した。これを中国に当てはめてみよう。まず『生産』について言えば、中国は加工貿易立国である。加工貿易が成り立つためには、資源を輸入し、製品を輸出する必要がある。これら資源・製品の輸送手段は一部に航空機もあるが、大部分は「商船隊」すなわち「海運」による。

また、マハンの時代には製品輸出先のマーケットや資源産出国は「植民地」と位置づけたが、今日では太平洋やインド洋の彼方の市場や資源を供給する「諸外国」と表現するほうが正確である。商船の航行するシーレーンの安全確保のためには、「海軍力」とシーレーン沿いに展開する「基地・根拠地」が不可欠である。これら「三つの要素」をマハンはシーパワーと総称した。すなわち「中国にとってのシーパワーとは、海軍力の優越によって制海権を確立し、海外市場を獲得してその下で海上貿易を行ない、中国に富と偉大さをもたらす力である」——とも表現できる。

鄧小平が改革開放路線を推進する体制を確立した以後、中国は海外貿易に力を入れ、急速な経済発展を始めた。このことにより中国は目を海のほうに向けるようになり、陸軍の重要性が相対的に低下し、シーパワーの中核である海軍・空軍の役割が重視されるようになった。中国海空軍が主役となって、マハンのシーパワー理論を実現・推進する段階が到来したのだ。

マハン時代の米国と現在の中国の比較

最初に、現在の中国とマハン当時の米国の戦略環境の類似点と相違点について分析しよう。

類似点の第一は、急速な経済の発展である。マハンの『海上権力史論』（１８９０年）が世に出る少し前の米国では、石油や電力を中心とした第二次産業革命（１８６５～１９００年）が起こり、工業力は英国を追い抜いて世界一となった。また、肥沃で広大な土地に恵まれた農業は機械化が進み、大規模農業が発展した。

一方、「世界の工場」と呼ばれる中国で改革開放により経済が急速に発展していることは、当時の米国と同じだ。

第二は、二つの大洋をカバーしなければならないこと。マハン時代の米国は大西洋と太平洋をカバーしなければならなかった。中国もマクロに見れば、太平洋とインド洋をカバーする必要がある。当時の米国は欧州列強との力関係から、大西洋をすべてカバーすることなどできなかった。中国も当面は太平洋に打って出る前に黄海、東シナ海、南シナ海を中国の内海にする必要がある。また、インド洋においても、世界の海を支配する米国のみならず、インドともしのぎを削ることになる。

第三は、東方からの脅威である。マハン当時の米国は、東方の欧州列強から脅威を受けた。同様に中国も、東方の米国から脅威を受ける形だ。

相違点の第一は、軍事科学技術。マハンの時代と今日では、軍事科学技術レベルに隔世の感がある。マハンの時代はようやく「帆船から蒸気船へ」変わる時期だった。当然、潜水艦、航空機や核・ミサイルはなかった。宇宙技術、C4Iシステムやサイバー戦能力など論外だ。

ちなみにC4IシステムとはCommand（指揮）・Control（統制）・Communication（通信）・Computer（コンピューター）・Intelligence（情報）システムのこと。動物における脳・神経系に相当するものであり、軍部隊の指揮・運用や火力の効率的な発揮に必要不可欠だ。マハン時代の通信に関して言えば、マルコーニが無線電信の実験に成功したのはマハンの『海上権力史論』が世に出た5年後の1895年だった。

このように軍事科学技術に関しては、当時と今日では比較のしようもない。高速で航続距離の長い軍用機や核・ミサイルが発達した今日では、マハン時代の海軍に加え、空軍や戦略核・ミサイル部隊などもシーパワーの構成要素として重要となった。もちろん海空軍や核・ミサイル部隊を統合して戦力発揮するためにはC4Iシステムが不可欠となる。

だから「マハンの理論は陳腐だ」と言うわけではない。その理論は今日の中国にとっても、いささかも色褪せることのない「重要な理論」なのだ。

相違点の第二は、国境を接する外国の数。米国の国境はカナダとメキシコの間しかない。

しかもカナダもメキシコも、米国の国力に比べれば問題にならない。一方中国は、国境線の長さが2万2800kmにおよび、接する国は14カ国にのぼる。これらの国々のうち、ロシアは米国と核戦力を競うほどの強大国だ。また、インドも中国に拮抗できる戦力を持っている。

1960年代末の中ソ対立の頃、両国は国境線沿いに65万8000人のソ連軍部隊と、81万4000人の中国人民解放軍部隊を展開した経緯を勘案すれば、将来、ロシア・インド両国との緊張状態が生起した場合、中国は150万人以上の陸軍兵力が必要になろう。これに加え、緊張が高まる朝鮮半島や新疆やチベットを含む民族問題、さらに国内の暴動・騒乱への対処などを考えれば、陸軍兵力のニーズは膨大な数にのぼろう。

このような状況を考えれば、前述したマハンの予言——「歴史を見るに、たとえ1カ所でも大陸と国境を有する国（A）は、仮に人口も資源も少ない島国（B）が競争相手国であれば、海軍の建設競争ではAはBに勝てない、という決定的事実を歴史は示している」——は意味深長だ。Aを「中国」Bを「米国」と読み替えれば分かりやすい。

マハンに従えば、ロシアやインドなど大陸正面で14カ国と国境を接する中国は米国との海軍建設競争において米海軍を凌ぐことはできないことになる。中国が海軍建設競争で米国に勝つためには、政治力の強い陸軍に対する投資を最小限に抑え、海・空軍に最大限の投資を行なうほかない。

習近平の野望

習近平・中国共産党指導部は中国海空軍などを駆使してどのような野望（目的・目標）を達成しようというのだろうか。

中国に今日の経済発展をもたらした鄧小平は、外交方針の一つとして「韜光養晦」をその遺訓とした。「韜光養晦」とは低姿勢を装って中国の軍事力や領土的野心を隠して、周囲を油断させて、力を蓄えていくという外交姿勢のことだ。

江沢民の時代（1993〜2003年）までは、中国は「韜光養晦」路線を堅持しているように見えた。しかし胡錦濤政権（2003〜2013年）になると「韜光養晦」路線は徐々に後退し「積極路線」に踏み込み始めた感があった。胡錦濤の後を襲った習近平は、前政権よりもさらに覇権主義的な姿勢で挑発的路線を歩み始めたようだ。

2014年7月の「第6回米中戦略・経済対話」で、習近平は米国代表団を前に演説し「天高く自由に鳥が飛び、広がる海を魚がはねる。私は『広い太平洋には中米両大国を受け入れる十分な空間がある』と感じる」と述べ、海洋進出への強い意志をのぞかせた。鳥は中国軍機で、魚は中国潜水艦のことを示唆しているようだ。

習近平はその前年6月に実施された米中首脳会談においても、中国が米国と並び立つ大国の地位につくという意味の「新しい大国関係」を主張している。これも、前述の演説の趣旨と軌を一にするものである。

さらにさかのぼれば2007年頃、中国海軍の楊毅少将が訪中した太平洋軍司令官キーティング米海軍大将に「将来、中国と米国がハワイで太平洋を2分して管理しよう」と太平洋二分割統治論を持ちかけ話題になった。米中間の戦力格差が歴然としていた当時は、話があまりにも突飛なので「ジョーク」と受け止める向きがほとんどだった。さして将来を危惧する声は出なかった。しかし2014年の習近平演説に鑑みれば、この楊毅少将の太平洋二分割統治論発言は本気だったのだ。

それでは米国に「新しい大国関係」を認めさせ、太平洋を東西に二分割して統治するための中国の戦略（アプローチ）とは、どのようなものだろうか。2014年5月に上海で実施されたアジア相互協力信頼醸成措置会議（中国、ロシア、イラン、パキスタンなどの大陸国家がメンバー）において習近平は次の主旨の演説をしている。中国の対アジア戦略は「アジアの安全保障はアジアの手で」、「第三国想定の軍事同盟強化に反対」、「アジアに新安保協力の枠組を構築」などを挙げたのだ。

まず「アジアの安全保障はアジアの手で」という意図はアジア以外の国、つまり具体的には、米国がアジアの安全保障に関与すべきでないという米国排除の狙いが込められている。つまり、アジアでのリバランス（巻き返し）をめざす米国を牽制し、その影響力をアジアから排除しようという意味であることは明白だ。

また、「第三国を想定した軍事同盟の強化に反対」には、中国の軍備増強や海洋進出に対抗（口実に）して日米が同盟関係を強化することを牽制するとともに、中国と対立するフィリピンやベトナムが米国と軍事協力を深める動きを阻止する狙いもあろう。

さらに、「アジアに新安保協力の枠組を構築」とは、アジアに中国主導の新しい安全保障の枠組みを作ることである。アジアから米国を排除した上で、中国を盟主とする安全保障の枠組みをアジア相互協力信頼醸成措置会議のメンバーを母体に構築しようという意欲がうかがえる。

かつての米国に倣う中国の海洋戦略

マハン当時の米国はまさに急速な興隆期を迎えており、太平洋と大西洋の両正面に海洋支配のための諸施策を強力に推進した。第一に英国、フランス、スペインなどの脅威を受ける大西洋正面においては、米西戦争（米国の謀略説がある）を仕かけてスペインを撃破し、カリブ海からスペインの勢力を駆逐して米国の内海にした。これにより、欧州に対する一定のバッファーゾーンを確保した。

第二に太平洋正面においては、巨大市場と目されるシナを目指し、サンフランシスコと上海を結ぶ「太平洋ハイウェイ（シーレーン）構想」実現のため、その経路上の要点であるハワイ、グアム、フィリピンなどに海軍基地（軍事拠点）を建設した。

第三に大西洋と太平洋に二分された米国の海軍戦力を必要な正面（太平洋か大西洋）に短期間に移動・集中するために、パナマ運河を建設した。

今日、中国も米国に倣（なら）い、以下のような戦略を推進している。

Ⅰ「接近阻止・領域拒否（Anti-Access/Area Denial, A2/AD）戦略」

第一列島線ついで第二列島線と明確なラインを設定して、台湾有事や尖閣諸島などの領土紛争などに対する米軍の干渉を防ぐために、「接近阻止・領域拒否戦略」を採用し、そのための軍事力の開発・整備を推進している。「接近阻止・領域拒否戦略」を分かりやすく言えば、中国軍が米軍に対し「寄らば切るぞ！」と対艦弾道ミサイルＤＦ-21Ｄ、攻撃型潜水艦、海空軍攻撃機などで恫喝して、一定距離内への接近を阻止し、想定した地域における自由な行動を阻害する戦略のことである。中国としては、米国がカリブ海を内海化した例に倣い南シナ海や東シナ海の内海化を目指しているようだ。

Ⅱ「南太平洋島嶼諸国攻略戦略」

「接近阻止・領域拒否戦略」とリンクして、「南太平洋島嶼諸国攻略戦略」を進めている。中国は米軍の太平洋正面の包囲環（第一列島線と第二列島線）を打通（突破）する努力と並行して、第一・二列島線の側面・背後に広がる南太平洋の島嶼国家（パラオ、マーシャル諸島、ナウル、ソロモン諸島、ツバル、トンガ、フィジー、サモア、パプア・ニューギニア、キリバス、バヌアツ、ミクロネシア連邦）に接近し、工作を実施している。

その目的は、①米国・米軍による対中包囲環（第一列島線と第二列島線）の打破、②米国の対中軍事拠点のグアムの無力化、③米国とオーストラリア・ニュージーランドの分断、④南米航路のシーレーンの防衛などが考えられる。

Ⅲ「真珠の首飾り戦略」

マハンの時代に米国が「太平洋ハイウェイ」と呼ばれるシーレーンを設定し、その中継点のハワイ・グアム・フィリピンなどに基地を建設したのに倣い、中東から中国沿岸にいたるシーレーンを防護するためインド洋正面に「真珠の首飾り戦略」を推進している。

中国は、マラッカ海峡からインド洋を経て中東・アフリカに至るシーレーン沿いのパキスタン、スリランカ、バングラディッシュ、ミャンマーなどに軍事拠点・基地に準じた港湾施設を構築しようと、巨額の投資をしている。これらの港湾・施設を一粒の「真珠」に見立てると、これら連なる数個の真珠はちょうどインド亜大陸の首に掛けられた首飾り（包囲環）のように見えることから、「真珠の首飾り」戦略と呼ばれる。これにはインドはもとより米国やアジア諸国が警戒し始めている。

この目的は、①中国のシーレーンの防衛、②インドに対する海上からの封じ込め、③日本、台湾、韓国、アセアン諸国などの中東往来のタンカーなどのシーレーンの封鎖、④パキスタン、バングラディッシュ、ミャンマーに展開する「真珠」から陸上経由（パイプラインなど）で中国内陸部（重慶市、雲南省、新疆ウイグル自治区など）への石油輸送、などが考えられる。

Ⅳ「マラッカ海峡打通戦略」

米国がパナマ運河を建設・確保した歴史に倣い、西太平洋とインド洋の間で中国の海軍戦力を自由にシフトできるように、南シナ海からマラッカ海峡・スンダ海峡・ロンボク海峡に至る海域の支配――「マラッカ海峡打通戦略」――についても、中国海軍を中心に研究を進め、布石を打ちつつある。

中国にとって、この戦略の必要性はこうだ。戦前日本では、「石油の一滴は血の一滴」と言われたが、今日、中国にとっても石油は貴重だ。中国の石油の海外依存度は年毎に拡大し、今や原油の輸入を阻止されたら「失血死」してしまうほどだ。中国が輸入する原油全体の約8割は中東・アフリカ地域から輸入され、インド洋からマラッカ海峡を経て、主要な輸入原油受け入れ用バースがある、大連港（遼寧）、青島港（山東）、寧波港（浙江）など9カ所に運ばれる。

マラッカ海峡の1日の通行船舶数は200隻以上で年間だと約9万隻にのぼるが、そのうち6割近くが中国向けで、文字通りマラッカ海峡は中国の〝生命線〟だ。中国はマラッカ海峡において、米国から「喉首を絞められる」という潜在的な脆弱性を有する。このことを「マラッカ・ジレンマ」と呼ぶ。中国にとって、「マラッカ・ジレンマ」は無視できないわけだ。

トランプ政権に対する中国の強硬姿勢

中国の第12期全国人民代表大会（全人代、国会に相当）の第5回会議が2017年3月5日、北京の人民大会堂で開幕した。李克強首相は政府活動報告の中で「海洋進出の加速」や「強軍路線の継続」を打ち出したが、これは習近平指導部の特徴である対外強硬姿勢が色濃く反映された内容だった。李首相は台湾や香港の「独立」については従来よりも強い言葉――「『独立』に断固反対し、食い止める」と否定した。このようなトランプ政権への対抗もにじませた内容には、最高指導部が入れ替わる今秋の党大会をにらんで求心力を高める狙いがのぞく。習近平にとって、トランプに弱みを見せることは党内における指導力の低下につながりかねない。

李首相は「引き続き軍隊強化目標を堅持し、訓練と装備を強化して国の主権や安全、発展を断固守らなければならない」と強調した。国境防衛の強化や軍民共同での技術開発などを例示したが、具体策には触れなかった。彼の一連の強硬発言は、トランプ政権への対抗が念頭にあることは間違いない。トランプの対中政策が厳しいものになれば、それに応じて強硬に対応する可能性が高く、米中の応酬がエスカレートする恐れがある。

ちなみに2017年の国防予算の伸び率に関しては、傅瑩（フーイン）報道官が「（前年比で）7％前後になる」と明らかにした。国防予算案の伸び率は2年連続で1桁にとどまったが、主要国の中では依然、突出した伸びを維持している。同年の国防予算は史上初めて1兆元（約16兆5000億円）の大台を超えるのが確実となった。

マハンに心酔し、門徒となった大日本帝国海軍

わが日本もかつてはマハンの門徒であった。明治政府は「富国強兵」を大戦略として、欧米の先進技術や学問、制度を輸入するために「お雇い外国人」を招聘した。帝国陸軍はドイツ帝国にその指南を要請し1885年、当時最高レベルの戦術の権威であったメッケル少佐を招聘した。日本陸軍は彼を陸軍大学校教官に任じ、参謀将校の養成を任せた。僅か3年間の滞在であったが、その日本陸軍に対する影響は絶大だった。以前の日本ではフランス式の兵制を範としていたが、メッケルを顧問として改革を進め、ドイツ式の兵制を導入した。メッケルの戦術教育は徹底しており、最初の1期生で卒業できたのは入学者の半数で、東条英教（東条英機の父）や秋山好古など10人という厳しいものであった。その一方で兵学講義の聴講を生徒だけでなく希望する者にも許したので、陸軍大学校長であっ

た児玉源太郎を始め様々な階級の軍人が熱心に彼の講義を聴講した。その戦術教育の成果は、日露戦争において如実に証明された。

一方の帝国海軍はマハン大佐を海軍大学校の戦術教官として3年間招聘しようと考えていた。海軍省は１８８９年、ワシントン駐在海軍武官の成田中佐にマハン招請の可能性を調べるよう訓令した。帝国海軍はマハンに1万５０００円の年俸を考えていた。当時、職人の年収が１８０円。成田中佐の後任の世良田大佐がマハン獲得に動いた約10年後の夏目漱石（東京帝大講師）の年俸が８００円、石川啄木（渋民村小学校代用教員）の年俸は１４４円だったことを思えば、マハンの年俸がいかに破格だったかが分かる。しかし結果としては、マハンの招聘は実現しなかった。マハン自身の判断なのか、米国海軍の判断なのか分からない。

招聘は実現できなかったものの、マハンは、メッケルが帝国陸軍に及ぼした影響に勝るとも劣らない影響を帝国海軍に与えた。新興の大日本帝国海軍は、マハンとその理論に心酔した。帝国海軍はマハンの書籍や論文をことごとく翻訳・配布し、咀嚼・吸収に努めた。世界でマハンの著作がもっとも多く翻訳されたのは日本だった。マハン自身も著書『帆船から蒸気船へ』（１９０７年）の中で、「私の理論は何人かの日本軍人や翻訳者と気持ちの良い文通をもたらした」と書き、日本でマハンの心酔者が多かった様子が窺われる。

マハンとは二回しか会ってはいないものの、大きな影響を受け、その戦略・戦術を我がものにして、日露戦争・日本海海戦にフルに生かしたのが、後の海軍中将・秋山真之だった。ただし秋山は彼の戦略・戦術を単に模倣したのではない。マハンは秋山に戦略・戦術を会得する方法として「古今海陸の戦史を読んで、その成功失敗の原因を究明するとともに、欧米の大家たちの名論卓説を読み味わいその要領を会得し、もって独自の識能を養成することが必要だ」と教えた。秋山はマハンから教えてもらった研究方法を実践し、独自の境地を切り開き、これを日本海海戦の戦勝に繫げた。このように大日本帝国海軍は、米国海軍にも劣らないマハンの門徒だった。

日米激突の原因はマハン

米国が日本をアジア（特に支那満蒙）市場参入の障害と感じ始めたのは、日露戦争以降のことだ。西欧列強に遅れた米国が目指す「ニューフロンティア」は太平洋はるか彼方の支那満蒙であった。当時支那には4億の民がおり、市場としても資源産出地としても極めて有望だった。この米国の「ニューフロンティア」にあたる支那満蒙を目指す、もう一つの新興国家がほかならぬ日本だった。

支那満蒙をめぐる日米の衝突が顕在化したのは、米国の鉄道王ハリマンの南満州鉄道買収が契機だった。日露戦争講和談判の最中に来日したハリマンは、桂首相との間で満鉄および満鉄に属する鉱山などの利権の半ばを譲渡するとの覚書をいったんは交わした。しかしポーツマス条約締結から帰国した小村全権が覚書を知り、取り消させた。

米国はこれを契機に、日本をアジア市場参入の障害――仮想敵国――として捉え始め、「オレンジ（対日）戦争計画」の検討に着手したほか、日本に対する砲艦外交として、米海軍の「白色艦隊」による世界一周航海を実施したのは先述の通りである。その後も支那満蒙をめぐる日米の確執は深まり、ついには太平洋戦争に突入し、両国が激突した。

大本営海軍部の冨永謙吾少佐は戦中出版された『海軍戦略』の序文で「マハンがいなかったら大東亜戦争はあるいは起こらず済んだかも知れない。少なくともハワイ開戦といふものは存在しなかったのではないかと考えられる。何となれば〝ハワイは米国のために神様が造って呉れたようなものだ〟と最初に言い出したのはマハンである。それは疑いもなく米国が太平洋を湖沼化せんとした出発点であった。爾来制海権獲得のため不可欠な条件として根拠地への触手は悉くマハンの賢明な示唆を実行に移したものに他ならなかった」と述べ、日米激突の原因がマハンであるとの認識を示している。

わが国は、米国と熾烈な戦いを繰り広げた末に、人類史初の原爆二発でとどめを刺された。その後米軍が日本に進駐し、今日のレジームができた。戦後レジームとは、「平和憲法」と称する「日本無力化憲法」と日米安保条約という「ビンの蓋」という二つのセットで構成され、日本を完全コントロールし、米国の世界戦略の拠点として活用する体制のことだ。

日本を「世界支配のための戦略拠点」にするという考え方こそが、マハンのシーパワー理論から導かれるものである。今日、急速に台頭する中国を相手にアジア太平洋を舞台に覇権争いをする米国は、引き続き日本を対中国戦略の最大拠点として活用する方針であろう。また、一方の中国も、日本を太平洋進出を阻む最大の障害と捉え、これを自己の支配下に置くことを追求するだろう。中国は、日本を支配下に入れた後は、米国と同様にアジア太平洋覇権維持のための戦略拠点として活用する思惑があるのは間違いない。シーパワー理論は今日も、マハンの呪縛の如く日本の運命を左右しているのである。

オバマ大統領は2012年1月、アジア太平洋地域での軍事的なプレゼンスを強化する内容の新国防戦略を発表した。米国はなぜアジア太平洋地域を重視視するのだろうか。それは「中国の台頭」に対抗するためだ。これまでの歴史で、時の覇権国家は台頭する国家(ナンバー2)に狙いを定め、これを抑制・打倒しようとするのが常だった。

中国の歴史書『資治通鑑』の中に、「両雄並び立たず」という箴言がある。「英雄二人が共存することは難しく、勢力争いが起こって、どちらかが倒れるものである」という意味だ。国家にも同じことが言えよう。冷戦下、米ソが覇権争いをしたが、結局ソ連が崩壊してしまった。米中も例に漏れず、アジア太平洋で雌雄を決しなければならない宿命にあるものと思う。

マハンの門徒は激突する宿命にある

米中が激突する理由として、私はもう一つの理由を挙げたい。それは、「マハンの門徒国家は激突する宿命にある」という仮説だ。

その例証として、マハン門徒の日米は太平洋戦争で激突した。しからば、日米以外のマハン門徒国家の場合はどうだったのだろうか。実はドイツ帝国のウィルヘルム２世は熱烈なマハンの信奉者で、いち早く『海上権力史論』をドイツ語に翻訳し、ドイツ帝国海軍の全艦はもとより公共図書館、学校、政府機関に配布した。ご承知のように、第一次世界大戦において米独は激突した。

米国は当初、モンロー主義に基づき、第一次世界大戦には関与しない孤立主義を取っていた。しかしドイツが無制限潜水艦作戦を再開したことやツィンメルマン電報事件が発覚したことで、ドイツに対する米国世論の怒りが湧き上がり、宣戦布告した。ツィンメルマン電報事件とは、第一次世界大戦中にドイツ帝国の外務大臣ツィンメルマンがメキシコ政府に急送した電報が発端だった。この電報はドイツによる対メキシコ工作の一環で、「もし米国が参戦するならば、ドイツはメキシコと同盟を結ぶ」という内容。しかし、この工作は英国による「返り討ち」の具にされた。英国はこの極秘電報を傍受・解読し、これを米国に密告して参戦を促した。

ソ連もマハンの門徒だった。ゴルシコフ海軍司令官はマハンのシーパワー理論の信奉者であり、強烈な個性を発揮して大海軍の建設を行った。米ソ両国は激突（戦争）こそしなかったものの、冷戦期間を通じて覇権争いをくり広げた。

国家の生存・発展を海洋に託す国家――海洋国家――は、必然的にマハンのシーパワー理論に依拠せざるを得ない。先にも述べた通り、海洋国家は「生産」、「海運」、「市場（植民地）」という循環する三要素が、発展のカギであり、それを支えるためにはシーパワー――商船隊・海軍力・根拠地（基地）――が必要となる。このような理論・仕組みの中に、海洋国家――マハンの門徒――が激突する理由が存在する。

海洋国家同士は、海外市場・資源供給国をめぐって争奪戦を行なう宿命にある。日米が激突した大東亜戦争の原因の一つは、中国市場なかんずく満州をめぐる日米の争いだった。後進帝国主義国家の日本が海外に目を向けた時には、参入できる余地がある国は中国しか残っていなかった。日本がその生命線としての植民地を求めるかぎり、中国にしがみつく以外に道はなかったのだ。そこで日本は対中国投資を増大させ、1930年代には欧米列強諸国と、投資額で1、2を争うまでになっていた。日本の対中国投資の占める比率は急伸し、1935年の時点では、実に93・3％に達していた。ちなみに英国は5・9％だった。

米国も英国に比べれば、後進帝国主義国だった。日露戦争においては、米国は日本に対して好意的中立という立場をとったが、南満州に日本の権益が確保され、日本の中国進出が軌道に乗るにつれて、米国による対日牽制――対中干渉阻止、さらには強い反対――となって現れ、ついに日米戦争を招くに至ったのである。この対立が最初に表面化するのは、第一次大戦の時の日本による山東侵略であり、これを契機として日米関係は次第に敵対憎悪へ重心が傾いていった。

満州事変はあらゆる意味合いにおいて、太平洋戦争への序曲であった。満州は日米競合の地であり、満州事変は裏を返せば満州をめぐる日本と米欧帝国主義との対立の所産であった。

シーパワー国家の戦力の主体は、海空軍である。世界の大空と七つの海は連接しており、覇権争いする海空軍はいずれかの海上・空中をも戦場に選び、交戦することが可能だ。陸軍の場合は、国境を隣接するか近傍にある場合は別だが、海軍に比べて距離や地形障害に左右されるなど、交戦が成立するには様々な制約がある。

このように、「マハンの門徒国家は激突する宿命にある」という仮説は一定の説得力があると思う。私は、マハンの門徒国家である米国と中国がいずれアジア太平洋地域で激突するのは避けられないと見ている。

第2章

トランプ政権の対中戦略・構想
——二つの選択肢

米国変容の原動力は人種・民族別人口動態の変化

ここで読者の皆様に訴えたいことは、「米国はまるで生き物のように成長し、変化を遂げている」という事実だ。その変化の原動力こそが人種・民族別人口動態の変化なのである。これは多民族国家米国の宿命でもあろう。人種・民族別人口動態の中・長期間の変化が米国内の人種・民族間のパワーバランスを変えるのだ。

今回の大統領選挙において、トランプ旋風を支えたのは、低所得・低学歴の白人男性だという。繁栄を支えてきた白人層に「没落意識」が広がり、危機感を持った白人層が、トランプ当選の推進力なったといわれている。建国以来約240年を経た米国は、今も人種・民族間の葛藤が進行している。

約240年前に建国した米国は、「人種・民族のオリンピック競技場」のようなものだ。米国における人種・民族の興亡について振り返ってみよう。

建国に際して主導権を握ったのは、ワスプ（ホワイト・アングロサクソン・プロテスタント）と呼ばれる白人たちであった。米国では英語が公用語となり、文化や社会全般にイギリスを模倣するものとなった。当然ながら、政治的にもワスプが主導権を握り、今日もその支配が続いているが、以下で述べるようにその支配体制は次第に浸食されつつある。

第二次世界大戦後は、ユダヤ人の影響力が目立つようになってきた。ユダヤ人口は約540万人で、総人口の2％弱に過ぎないが、米国の知的・情報集約分野では、特に支配的な影響力を持ち、同時に巨大な富（金）を支配している。ユダヤ人は、情報を支配し、資金を駆使することにより米国に大きな影響を与えうるようになった。

ユダヤ人の次に注目される民族は、スペイン語を母国語とするヒスパニックである。ヒスパニックは、他の民族に比べ人口増加率が高い。恐らく、今世紀末にはヒスパニックが「マジョリティー（最多数民族）」になる可能性すらある。

ワスプ、ユダヤ人およびヒスパニックの他に自己主張できる民族はイスラム教徒かもしれない。彼らが米国社会に適応し、人口を増やし、富を蓄え、全米にモスクを建立し勢力を拡大すれば、米国で「第4の局」を構築できる潜在力を持っていると思われる。今後、黒人がイスラム教に転じれば、ブラックモスレムとして、強力なパワーを発揮する存在となるだろう。ただしそうなった場合、米国は、モザイク状の国家に分裂するかもしれない。

このように、多民族国家の米国は、各人種・民族の自由競争の中で、その主導勢力が時代とともに変化し、その統一性さえも失われる可能性がある。日本が運命を委ねる米国は、実は「主人公」が変遷することを銘記すべきであろう。

トランプ政権誕生は、人種・民族別人口動態の変化が作用した結果ではないだろうか。そして、ワスプの警戒心の芽生えは、アフリカ系のオバマ——非ワスプ——が大統領に選ばれた時に始まったのではないだろうか。トランプの勝利は、オバマ大統領——非ワスプ——の誕生への「揺り戻し」ではないか。

トランプ陣営の対中国批判も注目される。トランプは、国家通商会議代表に対中強硬派のピーター・ナヴァロ教授（カリフォルニア大学）を据えた。ナヴァロ教授は、「米国が患っている数々の問題は、すべて中国のせいだ！」という論を展開している。「風が吹けば桶屋が儲かる」というロジックではないが、低学歴の白人男性にとってナヴァロ教授の中国叩きは説得力があったのかもしれない。

この人事を見れば、トランプは経済と政治・軍事面で中国に啖呵を切るかもしれない。これは、大分市高崎山のボス猿がその座を追い落とされまいと、台頭するナンバー2を攻撃する構図に似ている。中国に対して懲罰的関税の導入、為替操作国の指定など様々な制裁を幅広く検討しているようだ。

しかし、このトランプの論理は一面しか見ていない。中国は米国にとって、成長を続ける輸出市場だ。中国は1兆ドルを超える米国債やその他のドル建て資産を保有し、米国の慢性的な財政赤字の穴埋めに極めて重要な役割を果たしている。トランプは就任演説で「このすばらしい国の隅々に新しい道路、橋、空港、トンネル、鉄道を建設します」と述べたように、インフラ整備をGDPの成長率倍増につなげようとしているが、インフラ整備のための財源はどうするのか。中国が米国債を放棄すれば、インフラ整備の財源確保に甚大な影響が出るのではないか。そうなれば、トランプに票を投じた貧困層の白人に約束した雇用も「空手形」となってしまう。

このようにトランプは、没落する危機意識を持ったワスプの期待を一身に背負って大統領に選ばれたものの、現実はその期待に応えるのは相当困難なように思える。

トランプ政権の「アメリカ・ファースト」の政策・努力は、世界の覇者から転落する「最後のあがき」に終わるかもしれない。米国の国力は戦後一貫して、相対的に凋落の傾向をたどっている。第二次世界大戦で戦火を免れて勝者となった米国は、圧倒的に他国を凌駕する経済・軍事大国となった。大戦直後、世界経済の50％の規模だった。それがニクソン政権時には30％程度となり、冷戦終了時には25％の規模になってしまった。現在は中国やインドの台頭もあって、購買力で計算すると、米経済は世界経済の17％程度の規模でしかない。

国際政治・米国金融アナリストの伊藤貫氏によれば、米国が世界の経済・軍事システムを支配するためには、米経済の規模が世界経済の25％以上ないと成り立たないという。その証左なのか、オバマ前大統領は「米国は、世界の警察官を返上する」ことを宣言した。世界は米国の一極構造（unipolar）から、多極構造（multipolar）へ移行していく、と見るのが支配的だ。そんな趨勢の中で、今回大統領に就任したトランプはオバマが放棄したはずの一極支配――パクス・アメリカーナ――を復元しようとしているのだ。

ヒットラー政権とトランプ政権の類似性

第二次世界大戦の引き金を引いたヒットラー政権とトランプ政権誕生の背景には類似点があることが、懸念される。

第一に、ヒットラー政権誕生にもトランプ政権誕生にも、ともに「敗戦」が大きく作用した。第一次世界大戦でドイツは事実上敗れ、屈辱を味わった。後に、敗戦はユダヤ人や社会主義者による「背後からの一突き」が原因であるという見方が広まった。

米国もイラクとアフガニスタンでは敗戦とは言えないまでも、事実上撤退を余儀なくされた。また、その後もイラク・シリア間にまたがって活動するイスラム過激派組織ＩＳＩＬとの戦いに苦戦を強いられている。米国民は、世界で圧倒的に強大な軍事力を誇る米軍がこんな無様な戦いをしていることに我慢できるはずがない。米国民は、さらに強力な米軍を望んでいるのだ。ヒットラーがドイツ軍を強化したように。

第二は経済だ。ドイツの場合はヴェルサイユ条約（1919年）によって巨額の戦争賠償が科せられたのに加え、その後折悪しく世界恐慌（1929年）が発生したことにより、経済が破たんし、国民の経済的窮乏が深刻化し、不満が高まった。

米国でも貧困問題が深刻化している。米商務省の統計によると、「貧困層」は4600万人にも及ぶ。世界最大の経済大国なのに、実に7人に1人が貧困層という事実に衝撃が走った。それだけではない、その背後にまだ表面化していない多くの「予備軍」が控えているというのだ。米国政調査局が2011年に明らかにした新貧困算定基準に基づくと、何と米国民の3人に1人が貧困、あるいは貧困予備軍に入る計算になるという。

米独いずれの場合も貧困に陥った人々は、その原因についてあれこれ考え、正確な情報でなくても、不満や怒りをぶつける「矛先」が欲しくなるものだ。

第三は、貧困化のシナリオを短絡的に作り上げ、怒りをぶつける特定の「矛先」を作り、それに誘導していることだ。ヒットラーの場合は、国民の怒りをユダヤ人と共産主義者に向けさせた。

トランプの場合は、中国、イスラム教徒、ヒスパニックスを「ターゲット」に想定しているのではないかと懸念される。この点に関し、トランプが首席戦略官に選んだ「オルタナ右翼」のスティーブン・バノンは白人至上主義者と言われているが、同政権は人種差別の可能性を内包している恐れがある。

第四は、保護貿易主義の台頭である。ヒットラー登場前、イギリスは帝国支配下地域に保護貿易主義の枠をつくろうとしてオタワ連邦経済会議を開催し、域内では互恵関税、域外に対しては高関税という閉鎖的排他的なブロック経済圏を構築した。フランスや米国もこの動きに追随することとなり、帝国主義後発グループのドイツ、イタリア、日本との対立を深め、武力解決の道に急速に傾斜し、第二次世界大戦となった。

トランプは、選挙運動中に「アメリカ・ファーストの通商政策」を主張し、雇用の流出を防ぐために、貿易協定を米国有利に見直すとともに、中国やメキシコ製品に高率関税を課すことも示唆した。これが実行に移されれば世界に保護貿易主義が広がる恐れがある。

ちなみに、3月にドイツで行なわれたG20財務省・中央銀行総裁会議の声明においては、これまで長らく言及してきた「反保護貿易主義」の文言がトランプ政権に配慮した形で削除された。

このような背景で登場したヒットラーの場合は、議会政治を否定して独裁者への道を開き、再軍備、ユダヤ弾圧を行ない、第二次世界大戦の引き金を引いた。

さて、トランプ政権は歴史にいかなる足跡を残すのであろうか。

トランプ政権の国防政策

米国では２００５年まで、国防長官から大統領と議会に対して「年次国防報告」が提出され、国防戦略、国防計画、国防予算、国防装備等が明らかにされたが、残念なことにこの年以降、刊行されていない。

トランプの国防政策は現時点においてはその全体像は明らかでないが、２０１７年2月28日の議会演説で、その一端を明らかにした。その骨子は次の通り。

第一に、オバマ政権時代の２０１３年以降、国防費の上限を設定し、これを超えた場合は予算を強制的に削減する措置を続けてきたことについて、「国防費の強制削減を取り除く」と述べて、この措置を止めるよう議会に求めていく考えを示した。

第二に、「戦争を防ぎ、もし必要ならば戦い勝利するために十分な装備が必要だ。米軍を再建するために、歴史上で最大規模とも言える国防費の大幅な増額を議会に求める」と述べ、国の予算編成を担う議会に対し、国防費の大幅な増加を求める方針を改めて示した。

トランプは２０１８年の政府予算の編成方針「予算教書」に関連して、「軍事費を歴史的規模で拡大させ、衰えた米軍を再建させる」とし、前年度比で約10％に当たる540億ドル（日本円で6兆円）を増額するよう求める考えをすでに示している。

第三に、北大西洋条約機構（NATO）や日本などに対して、「パートナー諸国は財政的な義務を果たさなくてはならない。NATOや中東、太平洋地域などのパートナー諸国が、戦略や軍事作戦で直接的かつ意義のある役割を果たし、公平なコストを負担するよう期待する」と釘を刺した。

第四に、「米国は利益が一致すれば、新たな友人を見いだし、新たなパートナーシップを築くことを望んでいる」とも述べた。これは、選挙中からの持論の米ロ接近を模索する方向性を述べたものと思われる。ソ連の脅威に対抗するため、米中国交正常化を実現したニクソン政権に倣い、台頭著しい中国を抑えるために米ロ接近を図ろうという思いがあるのだろう。

トランプ政権の目指すところは、パクス・アメリカーナの復活である。トランプ政権が米軍の強化を図る目的は、中国の軍拡に対抗することなのである。一方の中国は、オバマの「世界の警察官の役割放棄」宣言を受け、トランプ政権下でも引き続き、アジア・太平洋地域の支配権を米国から奪おうとするだろう。このような意図を有する米中両国が激突するリスクは、従来よりも高まると見るのが妥当だろう。

トランプ政権の国防戦略――二つの選択肢

トランプが、中国と軍事的に対抗する上で、米国が採用する可能性のある戦略――二つの選択肢――について説明する。

Ⅰ選択肢その１　エアシーバトル構想――中国本土に侵入して激しく戦う策

第一の選択肢であるエアシーバトル構想（以下、ＡＳＢ）のアイディアは、冷戦時代ＮＡＴＯが対ソ戦用に採用し、成功を収めたエアランドバトル構想に由来する。エアランドバトル（AirLand Battle）とは、米陸軍が１９８２年から１９９０年代後期にかけて編み出した欧州での対ソ戦闘教義である。この教義では陸軍と空軍が緊密に連携して、欧州戦場でソ連軍に対抗しようと考えた。

米海空軍を主体として構想するＡＳＢは、台頭著しい中国軍が採用する「接近阻止・領域拒否戦略」に対抗するために開発された。すでに説明した通り、「接近阻止・領域拒否戦略」は、中国軍が米軍に対し、対艦弾道ミサイル、攻撃型潜水艦、海軍攻撃機などで一定距離内への接近を阻止し、想定した地域における自由な行動を阻害する戦略のことである。

ＡＳＢは、米国防総省総合評価局局長のアンドリュー・マーシャルや戦略予算評価センター所長のアンドリュー・クレピネビッチの建言を受け、ゲーツ国防長官が採用した。2010年に発表された国防総省の「4年ごとの国防計画見直し」には、「統合エアシーバトル構想の開発」が正式に盛り込まれ、国防総省（ＡＳＢ室担当）が取り組むことになった。

この構想は当初米海空軍を主対象として考えられ、取り組まれた。その概要は次の通り。中国軍の「接近阻止・領域拒否戦略」では、特に米海軍の空母を主目標として、対艦弾道ミサイル、巡航ミサイル、攻撃型潜水艦、電子戦能力、コンピュータ・ネットワーク攻撃能力、軍事衛星攻撃能力など新兵器の開発・装備や新たな戦術の策定を模索している。米国はこれに対抗する策として、ＡＳＢ構想を導入し、中国領域内の主要軍事拠点に対して、海と空からの攻撃能力を大幅に強化することを目指している。その具体的な内容としては、①中国側の新型対艦ミサイルを破壊するための空・海軍共同作戦、②（中国の対衛星攻撃を回避するため）米軍用衛星の機動性の向上、③中国側の『接近阻止』部隊に対する空・海両軍共同のサイバー攻撃、④有人無人の新鋭長距離爆撃機の開発、⑤潜水艦とステルス機の合同作戦、⑥海・空軍と海兵隊合同による中国領内の軍事拠点攻撃、⑦空軍による米海軍基地や艦艇の防御強化、などが提示されてる。

この最重要ポイントは、米軍に対して「寄らば切るぞ！」と恫喝（どうかつ）する中国軍を抑え、払い除けて、「グローバル・コモンズ（地球規模で人類が共有している資産（海や空））における行動の自由を獲得し、維持する」と主張している。分かりやすく言えば、中国に〝垣根〟を作らせない、ということだ。米国は表向きにはそう主張しているが、それだけでは収まらないはずだ。米国のＡＳＢ発動に対して中国が反撃してくれば、当然激しい戦闘にエスカレートするのは必至である。これについて、米国は公表したがらないが、次のような二段階の「対応」が考えられる。

第一段階として米軍は中国ミサイルの〝飽和攻撃〟の被害を回避するために、在日米軍基地などからミサイルの射程外の遠方に逃げ（退避し）、日本などの同盟国や台湾などの友好国に「自らの国は自ら守る」ことを求める。米軍は電子戦により中国軍を盲目化する作戦や海中における対潜水艦作戦を行ないながら反攻の機会をうかがう（日本にとって最悪の事態は、米軍がそのまま沈黙して反抗しないというシナリオだ）。

第二段階は、中国に対して「懲罰を科す」ために反撃する。ただし、中国本土内のミサイル基地や共産党首脳などを狙った攻撃は、核戦争にエスカレートする恐れがあるで、軍事作戦としての合理性よりも〝政治的判断〟が優先される。かつてキューバ危機において、米国はカリブ海で海上封鎖を実施し、米国とソ連との緊張が高まり、全面核戦争寸前の危機的な状況下で、ケネディ兄弟とフルシチョフがチキンゲームをやった。近い将来、トランプと習近平が朝鮮半島や南シナ海で生起する問題などをめぐって、似たようなきわどい駆け引きを行なうかもしれない。

Ⅱグローバル・コモンズに対する接近・機動構想へ

2011年から国防総省が担当してきたASB事業が、15年から統合参謀本部の第7局（J-7）に移管され、エアシーバトル構想という名称も「グローバル・コモンズに対する接近・機動構想」という長ったらしい名称に変更された。

担当組織・名称の変更に伴い、新たな取り組みも始まった。従来のエアシーバトル構想では、蚊帳の外に置かれていた陸上部隊（陸軍と海兵隊）を活用して広範な任務につかせる、という方針が打ち出された。

陸上部隊の活用に関し、戦略予算評価センター所長のクレピネビッチは次のようなアイディアを挙げている。

「陸上部隊の任務として、機雷戦がある。掃海・掃討任務は海軍の持ち場であるが、敷設に関しては陸上部隊も役割を果たすことが可能だ。短距離ロケット、ヘリコプター、はしけなどを使って陸上基地から機雷を敷設することで、中国海軍に対する長大な立入禁止線を設けることができる。

長期的に見れば、陸上部隊は中国の潜水艦に対抗する作戦をサポートすることもできる。我が方は第一列島線上の水面下に、低周波・音響センサーを配置することで、中国の潜水艦を探知する能力を向上できる。センサーによる探知を受けて沿岸配備の砲兵隊がロケットで魚雷を発射し中国潜水艦の接近を阻止する。

中国が米国の同盟国や友好国に侵略した場合、米陸軍はたとえわずかな数であっても抵抗に備えるその国の軍隊にとって助けとなるだろう」

「グローバル・コモンズに対する接近・機動構想」においては、今後陸上部隊の活用を含む陸海空・海兵隊の統合作戦がより深化するものと思われる。また米国は日本、韓国、フィリピン、ベトナムなど中国を取り巻く米国の同盟・友好国の軍事力を含めた総合力をカウント（当てに）し活用する方策を深化させていくことだろう。

いずれにせよ、「グローバル・コモンズに対する接近・機動構想」は米軍の正式な部隊運用構想として位置づけられていることは事実である。

トランプ米政権は２０１８年会計年度予算案で国防費を５４０億ドル（約６兆円）増額する方針を示した。国防費は核戦力の強化や国境防備の増強などを中心に、６０００億ドル規模に膨らむと見られる。この予算措置により、コストがかかる「グローバル・コモンズに対する接近・機動構想」が推進されるのか注目される。

Ⅲ選択肢その2　オフショアコントロール戦略――対中国遠隔包囲策

言うまでもないが、オフショアコントロール戦略（以下、ＯＳＣ）はエアシーバトル構想同様に、中国の「接近阻止・領域拒否戦略」に対抗するために開発された戦略である。

前述のエアシーバトル構想に対しては、「作戦構想に過ぎず戦略レベルの思考に欠けている」、「核エスカレーションへの配慮が不十分」、「勝利の定義が明快でない」、「ステルス戦闘機等の必要コストが膨大で、（オバマ政権下で）国防費が強制削減される状況では実現困難」などの問題点が指摘された。

ここでいう「戦略レベルの思考」とは、火事を例にすれば、①防火――紛争の未然防止・抑止、②いったん発生した火災の延焼防止――紛争の範囲を封じ込める、③消火――紛争を終結させること――についての、一貫した処方箋が網羅されていることを指す。このような観点から、「エアシーバトルは戦略的視点（②と③）が欠落しているために勝利への戦略理論とはならず、作戦構想に過ぎない」というわけだ。

そんな問題点を踏まえて〝解決策〟として出てきたのが米国防大学のトーマス・ハメス

海兵隊元大佐の「ＯＳＣがその答えである」と題する論文だった（プロシーディング誌２０１２年12月号掲載）。

ＯＳＣは、「拒否」、「防衛」、「支配」の作戦ステージで構成される。「拒否」ステージの作戦においては中国による第一列島線内の東・南シナ海などの海洋の使用を潜水艦や機雷等で拒否する。

次に、「防衛」ステージの作戦とは、日本や台湾などの第一列島線上の島嶼（領土・領海・領空）を防衛することである。ここにおいては、中国は本土から遠く離れた場所での作戦（攻撃）を強いられるが、米国と日本やフィリピンなどの同盟国は、自らの領域において統合化された海空防衛網を形成して有利に戦うことができる。

「支配」ステージの作戦は、第一列島線の島嶼領域の外（東または東南）側の空域および海域を支配するものである。「支配」ステージの作戦には、中国経済に対する「遠距離封鎖」も含まれる。ＯＳＣ戦略は、中国経済を支える大型タンカーや超大型コンテナ船を米海軍および空軍のみならず、借り上げた商船に乗り込んだ陸軍も用いて第３図のようなチョークポイントを活用して通航を阻止する。これは中国の貿易を完全にシャットアウトするものではないが、そのコストをビジネスが中国から逃げ出してどこか別のところにいくまで高めるものである。中国の輸出入はＧＤＰの50％を占めるが、中国共産党の正統性は経済

第3図　オフショアコントロール戦略のチョークポイント

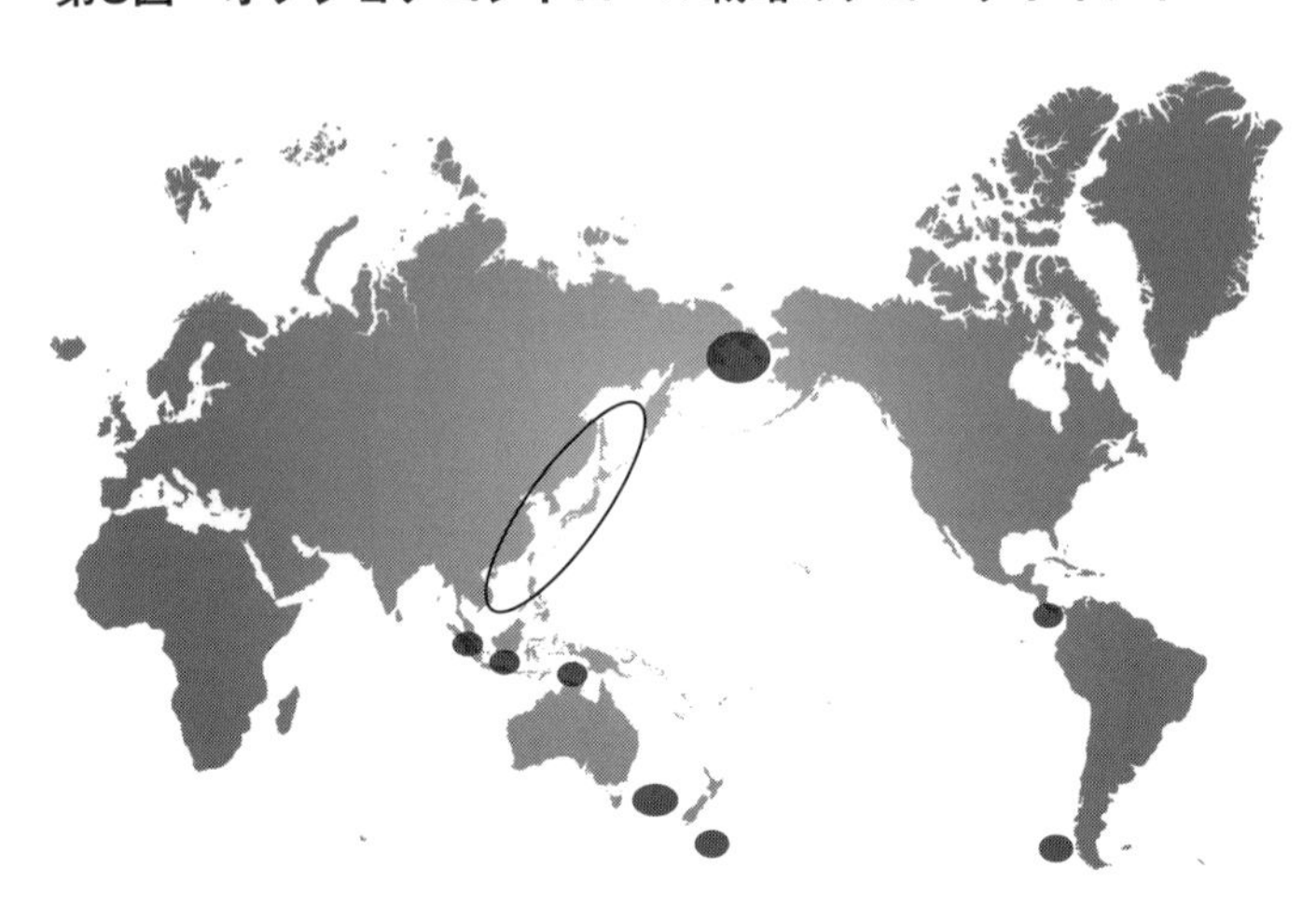

成長（右肩上がり）を基盤としているので、経済圧力は紛争の解決に向けた大きな圧力となるし、封鎖の外側で世界経済が中国抜きで再編されてしまえば、さらに事態は中国にとって悪化することになる。

ＯＳＣ戦略では、中国のインフラを物理的に破壊するために中国領空に侵入するというより経済的に窒息させるために、遠方からの包囲を追求する軍事作戦構想——私は、「対中国遠隔包囲策」と呼ぶ——である。

エアシーバトル構想においては、米国の高価な最新鋭兵器を中国領空内——中国優位の空間——に投入することになるが、OSC戦略では、その反対に米国・同盟国は、中国に対してなけなしの長距離・高性能兵器を中国本土から遠く離れた不利な空間――中国のミサイルや航空機の射程・航続距離外――に投入することを強要することになる。

なお冒頭指摘した、エアシーバトルの問題点――「作戦構想に過ぎず戦略レベルの思考に欠けている」、「核エスカレーションへの配慮が不十分」、「勝利の定義が明快でない」――に関し、ハメスはOSC戦略の利点を次のように説明している。

「OSC戦略では、中国の領域に対する縦深攻撃は実施しない。これは核の応酬へとエスカレートする可能性を低減し、戦争の終結を容易にするための配慮である。中国共産党の打倒や、中国の降伏は核の使用につながる可能性があり目的としては余りに危険である。

OSC戦略では中国が経済的に疲弊して戦争の終結を求めるまで経済的に窒息させる。

OSC戦略における米国の戦争目的は、中国に対して『軍事的手段を用いては目的を達成することはできないのだ』ということを理解させ、敵対行為を終了させ、中国を戦争開始前の状態へ復旧させること、すなわち『旧に復させる』ことにある。OSC戦略は、中国共産党が過去の戦争（中印国境紛争、朝鮮戦争、中ソ国境紛争、中越戦争）を終結させた時の様に、『中国が敵に教訓を与えた』と宣言して戦争を終わらせうる大義名分を与えることを狙いとしているのである」

トランプ政権の戦略が日本に及ぼす影響

米軍がこれらの戦略を採用すれば、日本にとっては極めて大きな問題がある。

第一の問題、それは米中が軍事衝突すれば、日本だけが戦場となり、サンドバッグのように中国からミサイルの〝飽和攻撃〟を受ける可能性が高いことだ。日本がミサイル防衛システムを整備しても、追いつかないくらいのミサイルを中国は保有している。

第二の問題は、米軍が戦争勃発の直前に、中国ミサイルの〝飽和攻撃〟の被害を回避するために、在日米軍基地などからミサイルの射程外の遠方に逃げて（退避して）しまうこと。中国ミサイルによる〝飽和攻撃〟を考えれば、米軍にとっては、「逃げるが勝ち」なのである。在日米軍はその家族も含め、基地を日本人従業員主体の管理に任せ、家族とともにスタコラサッサとハワイ・グアムや米本土に逃げ去るだろう。

日本が毎年約7000億円もの巨額の〝思いやり予算〟を払っても、米軍が基地から逃げるのは止められない。日本は、孤立無援で中国のミサイルや爆撃機の一方的な攻撃に数カ月間耐えなければならない。この間、シーレーンも安全を期すことは難しく、物流は大きく阻害されよう。加工貿易立国の日本は、企業活動はおろか国民の食糧確保にも事欠くようになるのは明らかだろう。特に米軍がＯＳＣを発動し中国のシーレーンを封鎖すれば、中国のシーレーンのみならず中国と重なっている日本のシーレーンもほとんど使用不能となろう。その一方、米国のシーレーンはほとんど影響を受けない。

日本人が忘れてはならないことは、トランプの政策判断の基本は「アメリカ・ファースト」なのであり、日本人の生命や財産よりも米国のそれが最優先なのである。

第三の問題。それは、米軍が反撃するかどうかである。核戦争に発展しかねない米中激突は、日本だけが被害を受けた後に、サッサと日本の頭越しに米中が講和をするかもしれない。

第四の問題。米軍の反撃に対して、中国軍は米軍だけをターゲットとして攻撃するだろうか。そうではなかろう、それにも増して日本を攻撃するだろう。中国は開戦の初めから終始日本を継続して攻撃し、日本をつとめて早く「ギブアップ」させ、日米を分断することにより、米軍の対中国反攻の基盤――在日米軍基地など――を失わせることを追求するだろう。対中国戦争において米国が日本という〝不沈空母〟を失うことは、決定的な損失となる。

いずれにせよ、米中激突の事態においては、数千㎞の彼方にある米国民には〝火の粉〟は一切降り注がず、ひたすら〝日本国民の頭上〟に降り注ぐことになる。

仮想シミュレーション――中国の尖閣侵攻時の安倍・トランプ電話会談

　前述のような理由で、将来中国の海上民兵が尖閣諸島に侵攻してきた際の安倍総理とトランプ大統領の電話会談は次のようなやり取りになることが懸念される。この〝仮想日米首脳電話会談〟により、米中激突の際の日米の利害や、思惑の違いを浮き彫りにしてみたい。

安倍「トランプ大統領、尖閣に向かって、漁船200〜300隻で、中国の海上民兵が、押し寄せてきています。その様子は2013年に、中国の大型新造漁船100隻余りが五島列島の港奥深くに侵入して長期間停泊をした事例や、2014年に約200隻の漁船が第二列島線の父島、母島周辺で不法な赤サンゴ漁を行った事件を髣髴（ほうふつ）とさせるものです」

トランプ「おお、それはリトルブルーメン（Little Blue Men）のことですな」

安倍「トランプ大統領、リトルブルーメンとはなんですか」

トランプ「米軍では、中国の海上民兵等による不正規軍の攻撃をリトルブルーメンの攻撃と呼ぶ。2014年、ロシアはクリミアで多数の民兵や階級章を付けていない『軍人』を使いクリミアを併合した事例があるのはご承知の通り。米軍では、あの攻撃をリトルグリーンメン（Little Green Men）の攻撃と呼んだ。中国の尖閣アプローチは、ロシアのリトルグリーンメンの攻撃を模倣しているんだよ」

安倍「トランプ大統領、そんなことはどうでも良い。日米首脳会談で閣下は、『日米同盟の強化』や『尖閣諸島は日米安保条約第5条の適用対象であること』を確認していただいたじゃありませんか。今こそ、日本を助けてください」

トランプ「安倍総理、まずは日本の自助努力でやるのが筋です。私は、選挙のころから同盟国に『自分の国は自分で守る』ことを求めてきました。相手は中国軍でなく、民兵ですからね。米軍が出ると、双方思いもかけずエスカレートするかもしれない。果ては核戦争の恐れすらある。あんな小さな岩礁の取り合いで、米国はそんな高いリスクを冒すのは真っ平ゴメンですよ」

安倍「これは、トランプ大統領のお言葉とも思えない。日本を見捨てるのですか。日米防衛協力のための指針（2015年）によれば、日本に対する武力攻撃が発生した場合の防衛作戦は、『米国は適切な支援を行なう（provide appropriate support）』ことになっているじゃありませんか」

トランプ「安倍総理、その主張は一方的です。同指針では武力攻撃が発生した場合は、まず『自衛隊が主体的（primary responsibility）に防衛作戦を実施する』ことになっているじゃありませんか。米国としては日本の本気度や中国の意図をしっかり見定めて、〝appropriate support〟の中味を決めたいと思います。ご武運を祈っております」

安倍「大統領、せめて、米軍の威容を中国軍に見せつけてください」

トランプ「最初からあまり楽観的なことを申し上げると、安倍総理を失望させることになるから、本音ベースで言いましょう。米軍はデフコン（警戒レベル）を上げていますが、中国軍が本気で出てくることが確認されれば、われわれは在日米軍基地から米軍部隊をハワイやグアムに退避させる方針です。もちろん家族や軍属も、です。のっけから中国のミサイル攻撃でやられてしまえば、元も子もなくなるからです。自衛隊のミサイル防衛能力では在日米軍を守ることなどできないでしょう。在日米軍を座してムザムザ、中国のミサイルの生贄にするわけにはいきません」

安倍「なんと冷たいお言葉。それがこれまで深化してきた日米同盟の結果ですか」

トランプ「何度も言いますが『自分の国は自分で守る』べきで、米兵の血を贖って日本を守り、日本人自身が血を流さないのは本末転倒というべきですよ。私は、米国民にそんな非常識な政策を説明する自信はありません。在日米軍は日本の〝傭兵〟じゃないんですよ」

オスプレイの訓練の様子　©US Navy

こんなやり取りを通して、透けて見えるトランプの真意は、「米国は、日中間の紛争に〝巻き込まれる愚〟は絶対に避けなければならない」ということだろう。一方の安倍総理も、「米中の激突に〝巻き込まれる愚〟は絶対に避けなければならないが、その一方で、日中紛争には何とかして米国を〝巻き込む努力〟が日本の安全保障には不可欠である」と考えられていることだ。結局、究極の危機においては日米は同床異夢なのである。

このように尖閣有事において、米国が本当に介入してくれるかどうか分からないのである。トランプの視点から見れば、尖閣という小島・岩礁をめぐって、米中核戦争にエスカレートしかねないリスクを冒してまで日本を助けるのか、という疑問が深まる。

いずれにせよ、日本にとって日米安保条約は、平時は「対中国抑止」としての利益があるが、米中激突時には、日本を米中戦争に巻き込む〝負の要素〟となりかねない——ジャパン・ディフェンス・パラドックス。このために日本としては、尖閣諸島をわが国の領土として守るのは「正論」ではあるが、これが米中激突にエスカレートする事態だけは、何としても避けなければならない。米中が激突すれば、日本はそれに巻き込まれて、太平洋戦争時を上回る惨禍——東京空襲により東京が焼け野原となり、広島・長崎が核攻撃により廃墟同然になった——を被る恐れがある。

日本人は、このジャパン・ディフェンス・パラドックスを克服する知恵を生み出さなければ、滅亡する。ジャパン・ディフェンス・パラドックスの「解」としては、米国にすべて依存しなくてもよいだけの「自前の防衛力」——日本外交に一定の自由度を保障——と、したたかな独自外交が実施できる枠組みの構築があるのではないだろうか。

中国はいつまで台頭・膨張を続けるのか

オーナス（onus）という英語は、重荷や負担を意味する。人口オーナスとは、生産年齢（15歳〜59歳）が急減すると同時に、高齢（60歳以上）人口が急増する事態のことを言う。

第1表　中国の年齢別人口の予測　（単位：億人）

大和総研「生産年齢人口急減への対応」論文――を転記
2015年12月24日
経済調査部 主席研究員 齋藤 尚登

	0～14歳	15～59歳	60歳以上	(65歳以上)	総人口
2015	2.28	9.25	2.22	1.45	13.75
2016	2.30	9.23	2.29	1.52	13.82
2017	2.32	9.20	2.36	1.60	13.88
2018	2.33	9.18	2.42	1.68	13.93
2019	2.34	9.15	2.49	1.76	13.98
2020	2.35	9.12	2.56	1.83	14.03
2025	2.28	8.79	3.09	2.12	14.13
2030	2.28	8.34	3.72	2.58	14.09
2035	2.28	7.95	4.20	3.12	13.95
2040	2.28	7.64	4.41	3.52	13.73
2045	2.28	7.21	4.58	3.65	13.42
2050	2.28	6.51	4.92	3.75	13.00

https://www.dir.co.jp/research/report/overseas/china/20151224_010473.html

人口オーナス期に差し掛かると、社会保障費等が増大し、貯蓄率が低下し、ひいては投資率が低下して経済発展にブレーキがかかるようになる。

これとは反対に、生産年齢人口が増える局面のことを人口ボーナス期と言い、この時期は人口の動きが経済にプラスに作用し、経済成長が後押しされる。改革開放政策採用後の中国は、これまで人口ボーナス期真っ盛りで、顕著な経済発展を遂げた。

しかし２０１０年代半ばには人口オーナス期に入り、２０１５年以降は生産年齢人口が減少し、高

第2表　中国の年齢別人口構成比の予測

（単位：%）

大和総研「生産年齢人口急減への対応」論文———を転記
2015年12月24日
経済調査部 主席研究員 齋藤 尚登

	0〜14歳	15〜59歳	60歳以上	(65歳以上)	総人口
2015	16.6	67.3	16.1	10.5	100.0
2016	16.6	66.8	16.5	11.0	100.0
2017	16.7	66.3	17.0	11.5	100.0
2018	16.7	65.9	17.4	12.1	100.0
2019	16.7	65.5	17.8	12.6	100.0
2020	16.7	65.0	18.2	13.0	100.0
2025	15.9	62.2	21.9	15.0	100.0
2030	14.4	59.2	26.4	18.3	100.0
2035	12.9	57.0	30.1	22.4	100.0
2040	12.2	55.6	32.1	25.6	100.0
2045	12.1	53.7	34.1	27.2	100.0
2050	12.1	50.1	37.8	28.8	100.0

https://www.dir.co.jp/research/report/overseas/china/20151224_010473.html

齢化が急激に進んでいる。

中国社会科学院人口・労働経済研究所が発表した「人口と労働緑書－中国人口と労働問題報告No16」によると、「生産年齢（15歳〜59歳）人口」は第1表のように2011年の9・41億人をピークに減少し、2023年には9億人以下に、2050年には6・51億人に急減するとしている。

第2表のように生産年齢人口が全人口に占める割合は2011年の約7割弱から2050年には約5割に急低下する計算である。その理由は、中国で1970年代以降は出生率が低下し始めたのに加え、１９７９年から２０１５年まで導入された一人っ子政策により出生率がさらに低下したからだ。

一度人口ボーナスが終わると、二度と来ないと言われている。つまり中国では二度と人口ボーナスによる経済躍進は起こらないのだ。

人口ボーナス期は終焉しても経済成長しなくなるというわけではない。生産年齢人口が減少しても、労働生産性を高めることでカバーすることが可能である。中国はこれまで安い労働力と外国からの投資によって、労働集約型製造業が大量生産して経済発展してきた。しかし人件費はすでに東南アジアなどよりも高くなっており、外国からの投資も伸びない。

生産性向上には、生産効率を向上させることと、付加価値の向上と革新ビジネスの創出が必要と言われる。特に付加価値向上と革新ビジネス創出では、独自性や独創性を発揮してブランド力を強化することが求められる。しかし中国はGDPで世界第2位になっているとはいえ、いまだに独自性や独創性のある製品やサービスを生み出せておらず、ブランド力のある企業も皆無だ。

このような人口オーナス論を裏付けるのが、3月の中国全人代における李克強首相の政府活動報告だ。首相は、今年の経済成長率の目標を「6・5%前後」として、去年の

「6・5%から7%」より引き下げた。これに伴い、国防予算の伸び率も抑制された。

中国の経済成長が人口オーナスなどにより、鈍化する傾向が確認されたことは、わが国の国防にとって明るい材料だ。日米は当面（10年内外）〝臥薪嘗胆〟の覚悟で中国の暴発を抑止できれば、最悪の事態は回避できる可能性が開けるのではないだろうか。それどころか、人口オーナスによる中国経済の減速傾向に歯止めがかからなくなれば、中国共産党はその正統性を失うことになる。中国共産党に対する人民の支持は、唯一「右肩上がりの経済成長」だけだった。経済が慢性的な「負のスパイラル」に陥れば、やがて中国は、分裂や内部崩壊といった最悪のシナリオをたどることも視野に入れる必要がある。

第3章

米中衝突の発火点・朝鮮半島の地政学10則

今なぜ朝鮮半島の地政学か——米国の圧力路線鮮明に

朝鮮半島がいよいよ危なくなってきた。わが国の安全保障に大きな影響を及ぼす朝鮮半島の情勢がダイナミックに動きつつある。北朝鮮では、金正恩が核ミサイル開発に狂奔し、挑発を繰り返している。金正恩主導の核ミサイル開発が野放しに続けられ、米国に直接脅威を与える段階に到達する局面を迎え、「米国の許容限界」を超えつつある。北朝鮮の暴走にトランプは激怒している。3月に訪日したティラーソン国務長官は、金正恩政権転覆を狙い、武力行使をすることも選択肢にあることを示唆した。米中衝突の引き金となる「北東アジアの〝火薬庫〟」につながる導火線に火が点けられた感がある。

一方の韓国では今年3月31日、朴槿恵大統領が収賄などの容疑で逮捕された。5月に大統領選を実施し、次の大統領を決めることになるが、反日で親中国・北朝鮮の文在寅（ムン・ジェイン）前「共に民主党」代表が支持率で優位を占めている。

こんな中で、日韓関係は従軍慰安婦問題などで、極度に悪化したままである。韓国では、従軍慰安婦像設置運動が盛り上がっており、日韓の溝は深まるばかりだ。

韓国で盛り上がる反日の機運は、中国の策謀に乗せられているように見える。中国は米

南シナ海を航行する米航空母艦ロナルド・レーガン　©US Navy

国と覇権を争う上で、まずは日韓分断策を仕掛けているようだ。さらに言えば、中国は、韓国に日米離間を図る役目も振り付けてもいるようだ。韓国は中国の巧みな策謀に乗り、経済のみならず軍事・国防面においても中国に取り込まれつつある。このことにより、日韓関係と米韓同盟は揺らぎ、結果として中国の朝鮮半島への影響力が大きくなる傾向にある。

中国の脅威は南西諸島方向からだけではなく、今後は朝鮮半島経由で日本に指向される可能性が高まりつつあるのだ。

米中衝突の発火点となる朝鮮半島の地政学を理解することは、日本の安全保障を考える上で必須のことと思う。

第1則　中国への従属性

朝鮮半島は、ウサギの形に似ているといわれる。第4図から分かるように、ウサギの形をした朝鮮半島は巨大な〝雄鶏の形〟をした中国大陸に〝盲腸〟のようにくっ付いている状態だ。ちなみに２０１１年、中国のインターネット上で、地図で見た朝鮮半島が「人に首筋を捕えられたウサギ」に似ていると指摘するイラストが登場し、韓国で反発が高まったことがある。韓国メディアは「中国が朝鮮半島を図象化して韓国を侮辱した」と報じた。私は中国に擢り寄る朴槿恵大統領を見るにつけ、朝鮮半島はまるで「中国に首根っこをつかまれたウサギ」に見えて仕方がなかったが。

今日、中国と南北朝鮮を比較すると、国土の面積は中国が約９７０万㎢で、南北朝鮮（約22万㎢）の約44倍、人口は中国が約13・57億人で南北朝鮮（７５１２万人）の約18倍となっている。いずれも圧倒的に中国が優位を占め、南北朝鮮は比べようもないほど「格下」であることは否めない。

中国大陸にくっ付いた〝盲腸〟朝鮮半島の地政学の第1則は、「中国への従属性」である。

第4図　中国への従属性

朝鮮では紀元前3世紀頃、前漢初期に衛氏朝鮮が冊封して以来、日清戦争で日本が清を破り、下関条約によって朝鮮を独立国と認めさせるまでは、ほぼ一貫して中国の冊封国であった。琉球など他の冊封国では国王が亡くなれば新たな国王がすぐに継ぎ、中国からの「事後承認」を得る形であったが、朝鮮だけは「事前承認」を得る形を取っており、「中国の許し」を重視していたといわれる。

朝鮮半島の「中国への従属性」の強さを理解するためには、イタリア半島と比較してみればよい。

ローマ帝国は、紀元前8世紀頃イタリア半島で誕生した。その後勢力を拡大し、地中海周縁のアフリカ北部、欧州、中近東に広がる巨大な版図を勢力圏に納めた。ローマ帝国が発展できた原因の一つは、地中海という海洋の安全保障上のバッファーゾーンがあったからではないだろうか。しかし海洋というバッファーゾーンは、船舶の発展によって消失する。塩野七生氏が『ローマ亡き後の地中海世界・全4巻』（新潮文庫）でその様子を書いている。西ローマ帝国が滅亡すると、サラセン人は「右手に剣、左手にコーラン」を掲げて、地中海沿岸のアフリカ大陸から出撃して、イタリア半島の都市国家を狙って海賊行為を繰り返した。イタリア半島は朝鮮半島と同様に海――地中海――正面には弱かった。

一方、イタリア半島は大陸正面に強かった。なぜならイタリア半島北部にはアルプス山脈という地形上の大障害があるからだ。例外的に、2人の軍事的天才がアルプス山脈という大障害を越えた。それがハンニバルとナポレオンだ。しかし、さしものハンニバル軍もアルプスに向かった37頭の〝戦象〟を含む4万6000人の兵士のうち、イタリアに進出できたのは〝戦象〟3頭と兵士2万6000人であったという。

ハンニバルに続いて、アルプスのグラン・サン・ベルナール峠を越えたのはナポレオンである。1800年5月、ナポレオンはイタリア遠征のために4万のフランス軍を率いて峠を越えた。ナポレオンは兵士のために、付近の村からワイン2万1724本、チーズ1・5トン、肉800kgなどを調達した。この際、峠のホスピスに4万フランの借用証を置いていったという。だがナポレオンが実際に支払った代金はその一部だけであり、残りは１９８４年にようやく時のフランス共和国大統領ミッテランが精算した。

同じように三面を海に囲まれた朝鮮半島は、海洋正面に弱い。このことは秀吉の二度にわたる朝鮮出兵──文禄の役（１５９２年）と慶長の役（１５９８年）──を見れば分かる。朝鮮半島はイタリア半島と異なり、大陸正面にも弱い。筑波大学の古田博司教授は著書『醜いが、目をそらすな、隣国・韓国！』（ワック）で次のように書いている。

「朝鮮半島は、北の日本海側こそ峨々たる山が隆起しているが、黄海側は北から南に平地がつづき丘のような小山はあるものの、ほぼ平坦である。つまり半島西側は、まったく無防備であり、祖国を守ることができない。遼の契丹族も、清の女真族も、数日で首都を抜いた。そのたびに、王は民を捨て輿に乗って逃げ出したのである」

ついでながら、古田教授は次のように面白い指摘をしている。

「この国の地政学的な特徴が作り上げた心性（こころ、天性）は、無防備で楽天的な民衆と、無責任で他者転嫁型の支配層にわかれる。民衆は支配層に伝統的な不信感を抱き、その無念を『恨』（筆者注：感情的なしこりや、痛恨、悲哀、無常観）として歌い、支配層は無力で無責任であることを隠蔽するため、過度に威圧的、強権的かつ差別的である。知識層は支配層の一翼を担うが、ゼノフォビア（外国人嫌い）である一方、現実の弱者を自覚した時には度を越して事大的かつ卑屈になる」

韓国の〝二股外交〟

朝鮮半島の地政学第1則から派生する、韓国の〝二股外交〟について説明したい。

韓国の朴前大統領は、米国と中国を両天秤にかけながら狡猾に〝二股外交〟を展開した。朝鮮戦争以来60年も続いてきた米韓同盟から少しずつ距離を取り始め、かつての敵であった中国に接近し始めた。朴前大統領は習近平の顔色をうかがい、米国の要求を無視するようになった。米国がこれに対して怒りをあらわにし始めたのは2013年9月のヘーゲル国防長官の訪韓からだった。この時、米国防長官は韓国に米国のミサイル防衛（MD）システムへの参加や、日米韓の三国軍事協力体制を呼びかけた。これに対して朴前大統領は、「日本の従軍慰安婦」を持ち出して、すべてを断った。さらに青瓦台（大統領府）はまるで中国におもねるかのように、「米国の要請は拒否した」と内情を暴露する挙に及んだ。ヘーゲル国防長官は、〝コケ〟にされたのだ。

ちなみに朴前大統領が〝エクスキューズ〟として持ち出した従軍慰安婦——旧日本軍が

性奴隷として約20万人の朝鮮半島出身女性を拉致、強制連行したとの説――は、朝日新聞の捏造記事から始まった。このことで朝日は謝罪と反省を表明し、捏造と断定された。朝日の謝罪は、まことに遅きに失し、国益を著しく毀損した。

その後米国はバイデン副大統領が訪韓し、「『米国の反対側』に賭けるのは、いいやり方ではない」と警告し、さらにケリー国務長官が「日本と韓国は歴史問題を棚上げせよ」と述べ、ストレートに「離米従中」を「反日」で誤魔化すのをやめるように釘を刺した。

韓国が二股外交を展開する背景として、私は二つの理由があると思う。第一は、朝鮮半島の地政学・第１則「中国への従属性」から説明できる。すでに述べたように、朝鮮半島は中国への従属性が強い。このことは歴史から見ても明らかである。しかしながら中韓関係は例外的に朝鮮戦争以降は敵対関係にあったが、冷戦崩壊後の１９９２年になってようやく中韓国交正常化が行なわれた。

これにより朝鮮半島の戦略環境は〝コペルニクス的変化〟を遂げた。韓国は中国との国交を活用し、北朝鮮を背後から牽制する道（可能性）が開けた。しかし大国の中国が韓国の意のままになるはずもなく、地政学的には韓国はむしろ中国の影響下に〝取り込まれやすい〟状況下に置かれることになった。韓国は新たな戦略環境の中で、米国と中国の間で困難な舵取りを余儀なくされることになった。

防衛駐在官時代に私自身、中韓関係の地政学的な従属関係の強さを垣間見る機会があった。中韓国交正常化の直後に、盧泰愚政権はすぐさま、「軍事同盟・外交戦略の将来のあり方」について国防部に検討を命じた——という「秘話」を、在韓米軍の将校から聞いた。韓国国防部が挙げた新たな軍事・外交の選択肢としては、現行の①韓米軍事同盟関係に加え②中国との同盟、③米・中・日を含む等距離軍事・外交関係——の3案だという。これについて国防部を中心に真剣に議論したそうだ。「②中国との同盟」というオプションは、地政学（中国への従属性）と過去の中国歴代王朝に対する冊封の歴史に由来すると見られる。韓国の中国に対する思い入れの深さをうかがい知るような気がした。ちなみに検討結果の結論は「①現行の韓米軍事同盟を維持」であったそうだ。ところが、当時から20年以上過ぎて、朴前政権は限りなく「②中国との同盟」の方向に進んだのだ。後に翻意したものの。

二股外交の第二の理由は、米中パワー（政治・軍事・経済の総力）バランスの変化である。日本や朝鮮半島を含む北東アジアは「昇る中国」と「沈む米国」の狭間にある。オバマ政権下では、米国は財政赤字削減の一環として、5年間で約20兆円以上を強制削減することになっていた。一方の中国は過去20年以上にわたり、軍事予算を2桁の割合で増やしていた（最近鈍化した）。

この結果、第5図「北東アジアにおける米中パワーバランスの推移」のように米国と中

第5図　北東アジアにおける米中パワーバランスの推移

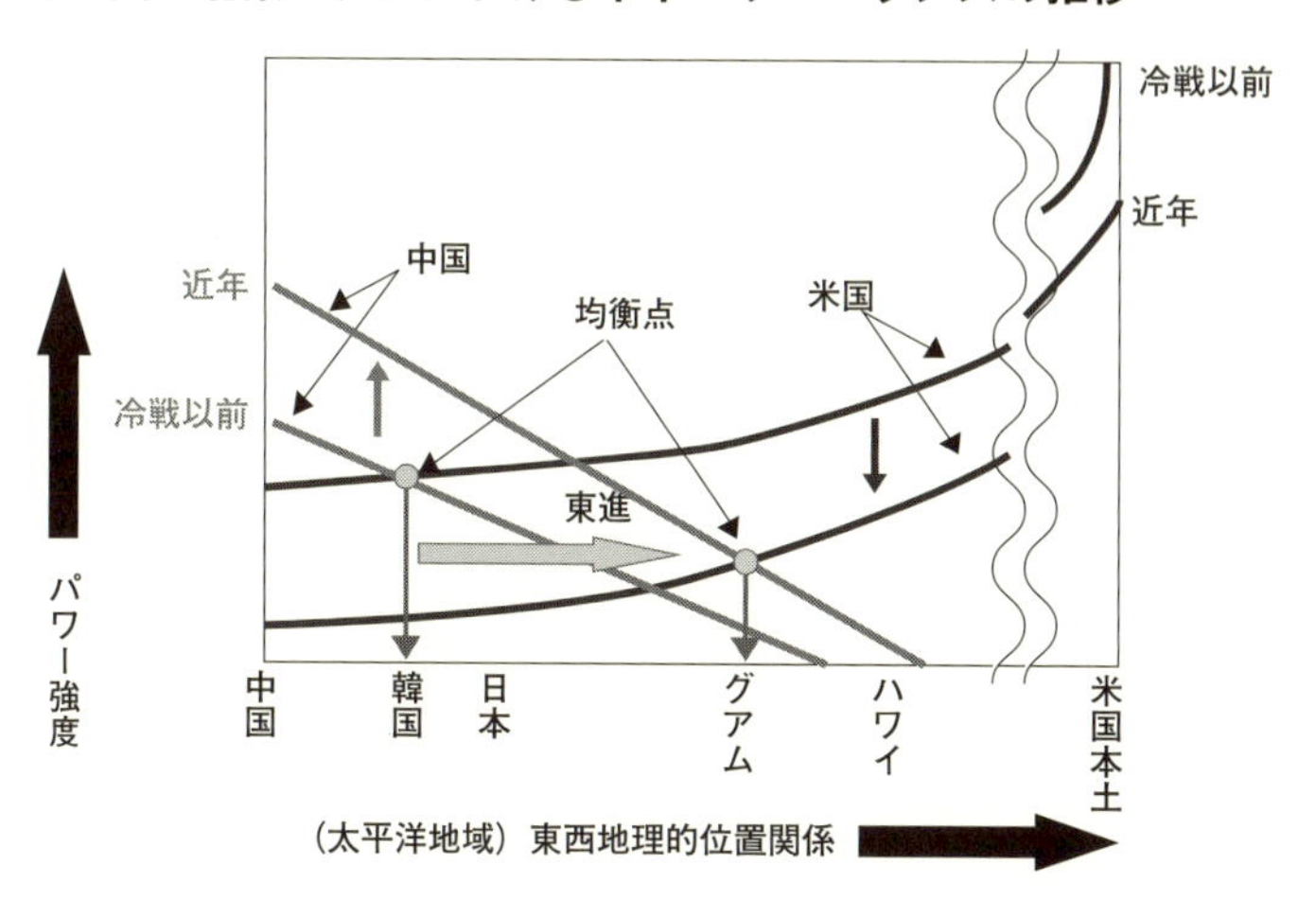

国のパワーの均衡点は、東に移動しつつある。冷戦時代頃まで、パワーの均衡点は朝鮮半島の非武装地帯（ＤＭＺ）付近にあったものが、中国の台頭とともに東に移動している。その結果、まず韓国全土が「中国のパワーが米国よりも上回る圏内」に入りつつあるのではないか。２０１０年に起こった韓国海軍哨戒艇の撃沈事件や延坪（ヨンピョン）島砲撃事件などは、朝鮮半島においてはすでに米軍よりも中国軍のパワーのほうが上回っていることを裏付ける証左だったのかもしれない。トランプ政権の登場で米国の凋落傾向に歯止めがかかり、米中のパワーの均衡点を西方に押し戻すことができるのかどうかが、注目される。

韓国にしてみれば、これまで北朝鮮の脅

威を防衛するためには、米国に頼らざるを得なかったが、中国のパワーが朝鮮半島で局地的にでも米国を上回るようになれば今後は中国が背後から〝羽交い絞め〟にするような格好で、北朝鮮を牽制し、韓国に安全と平和をもたらすことが可能となる。

このような理由で、朴前大統領が米国と中国を両天秤にかけながら狡猾に〝二股外交〟を展開する余地が出てきたのではないだろうか。朝鮮半島の地政学・第1則「中国への従属性」から見ても、今後米中のパワーバランスが、図のような傾向が継続すれば、韓国は磁石に吸い寄せられる鉄片のように限りなく中国の属国に転ずる可能性があるのではなかろうか。

南北朝鮮の運命は『チベット化』

朝鮮半島の地政学第1則「中国への従属性」から派生する、「南北朝鮮の運命――チベット化」について説明したい。

これまで述べたように、超大国の中国に隣接する朝鮮半島の国家は、〝中国への従属〟を余儀なくされる宿命にある。南北朝鮮同様、超大国に隣接し、苦難を余儀なくされた例としてフィンランドがある。

フィンランド化という言葉がある。この言葉は、フィンランドが議会民主制と資本主義経済を維持しつつもソ連の勢力下におかれている状態を指したものである。旧西ドイツの保守勢力が、共産主義諸国との対話を重視したブラント首相を批判する際に用いた造語に由来する。

フィンランドの苦難の近代史はこうだ。１９３９年の独ソ不可侵条約によって、ソ連はフィンランドを勢力範囲とすることをヒットラーから認められた。スターリンはフィンランドの併合を目論んで侵攻を開始した（ソ芬戦争）が、マンネルヘイム元帥率いるフィンランド軍の頑強な抵抗に遭い、国土の10分の1をソ連へ割譲することを条件に講和した。ところが１９４１年の独ソ戦開戦に乗じてフィンランドは失地回復のためドイツ側に立って参戦した（継続戦争）。しかし、ドイツの敗勢によりフィンランドはソ連と休戦し、代わりに国内駐留ドイツ軍を攻撃した（ラップランド戦争）。敗戦国の立場に立たされ、地理的にも西側の支援の望めないフィンランドは１９４８年にフィンランド・ソ連友好協力相互援助条約を締結し、独立および議会民主制と資本主義の維持とを引き換えに有事の際にはソ連に協力して戦うことを明言し、国際的には事実上の東側の一員として行動することとなった。軍の装備もワルシャワ条約機構と互換性のある物が採用された。また、マスコミにおいては自主規制が行なわれ、冬戦争におけるソ連の侵略などに対する言及はタブーとなり、電力や天然ガスといった重要資源もソ連に全面依存するようになった。しかし強かなフィンランドはこの条約を逆手にとって軍備を徐々に増強し、独立を強化する担保とした。

西側諸国においてフィンランド化という言葉は政治的に否定的な意味合いを持つ一方で、「フィンランドはソ連に隷属せず、内政干渉されたことはなかった」、「非同盟中立を堅持することでソ連の信頼を勝ち得て、東西両陣営の間で『架け橋』国家の役割を果たした」、「フィンランドという小国が、対外環境に柔軟に適応し、大国ソ連と共存するために知恵を絞って創出した独自の国家戦略」などと、肯定的な評価をするむきもある。

洋の東西を問わず、超大国に隣接する小国は従属を強いられ、無理難題を突きつけられて様々な苦難・屈辱を味わうことになる。そんな中で、小国が生き残るためには、超大国の傲慢と横暴に耐えて生き抜くしたたかな精神・知恵・術策（戦略）を持たねばならない。世界の超大国の米国と中国の狭間にある日本とても例外ではないことを、われわれは肝に銘じるべきである。

フィンランドの場合、地政学的に戦略バランス上、ソ連に釣り合う大国の支援が望めなかった。孤立無援に近い状態だ。これに対して韓国の場合は中国へのカウンターバランス（均衡勢力）として米国を、北朝鮮の場合はロシアを中国のカウンターバランスとして利用できる。すなわち朝鮮戦争後、韓国は米韓相互防衛条約により、在韓米軍を配置し、朝鮮半島有事には米国が全面介入するという態勢を作った。これにより北朝鮮・ソ連・中国の侵攻を抑止してきた。また、北朝鮮にとっては米国に対するカウンターバランスとして中国とソ連があった。そのうえで、金日成は中国とソ連をも競わせ、互いにカウンターバランスにする智恵を思いついた。加えて金日成は、ソ連と中国の言いなりにならないための一種の「理屈」として主体思想という政治思想を創造した。毛沢東が「俺の言う通りにしろ」と干渉しようとすると、金日成はすかさず「スターリンがそれを許しません」と断り、スターリンが「俺の言うことを聞け」と迫ると、「毛主席が納得しません」と撥ねつけた。

皮肉な見方をすれば、金日成は冷戦時代、日本防衛の最大の貢献者なのだ。朝鮮半島を中ソの脅威に対するバッファーゾーンと見れば、冷戦時代、北朝鮮がソ連・中国の完全なコントロール下に陥らず、「主体性」を確保できたことが間接的とはいえ、日本に対するソ連・中国からの半島経由の脅威を阻止する上で一定の役割を果たしてくれた。ソ連・中国の脅威を「１００万ボルトの電流」と看做せば、韓国と北朝鮮はいわば「二層の絶縁体」となって、大陸勢力の日本に対する「放電」を絶縁してくれたというわけだ。

いずれにせよ米国というカウンターバランスから韓国が切り捨てられれば、韓国は北朝鮮同様に、中国に吸い寄せられ、第二のチベットに向かうのは間違いないことと思う。

第2則　朝鮮半島は大陸国家と海洋国家の攻防の地

朝鮮半島はユーラシア大陸東端から約600㎞も太平洋に向かって南東方向に伸びている。このため朝鮮半島は、ユーラシア大陸に出現した大陸国家の中国とロシアにとっては、太平洋方向に進出する際の足がかりとなる地形である。一方、太平洋に出現した海洋国家の米国にとっては、ユーラシア大陸東部に進出する際の足がかりとなる地形である。このような理由で朝鮮半島は第6図に示すように大陸国家と海洋国家の攻防の地である。今日、ユーラシア大陸の東側を占める大国の中国と東欧から極東に広がる大国のロシア――世界に冠たる二つの大陸国家――にとって、朝鮮半島は太平洋に向かって米国――世界一の海洋国家――と覇権を争う上で重要な地形となる。以下、米中ソ（ロ）にとっての朝鮮半島の戦略的な価値について詳述する。

米国は、近年急速に台頭する中国が太平洋正面に進出するのを封じ込めようとしている。

第6図　大陸国家と海洋国家の攻防の地

その際、封じ込めの拠点としては日本、台湾、フィリピン、ベトナム、オーストラリアなどに加え、韓国（朝鮮半島）もその重要な一翼を担っている。

米国は、極東戦略上、日本をキーストーン（要石）と位置付けている。在日米軍基地のお陰で、米軍は東アジアから中東に至るまで戦力を投射できる。このように米国にとって重要な日本を中国やロシアの脅威から防衛するためには、韓国を中国やロシアが支配することは絶対に阻止しなければならない、と考えているに違いない。

ひるがえって、朝鮮半島に韓国という米国の同盟国が存在し、在韓米軍が配備されているのを習近平の目にはどう映るのだろうか。そのことは朝鮮半島を米国のフロリダ半島に置き換えて考えれば分かりやすい。それは、フロリダ半島に中国の同盟国が存在し、中国人民解放軍が配備されているようなものだ。フロリダとワシントンの距離は約1200㎞あるが、ソウルと北京の距離は約900㎞しかない。このように見れば、中国にとって米国のいわば〝出城〟にあたる韓国と在韓米軍の存在がいかに脅威に映るか、理解いただけるだろう。

中国は、米国との覇権争いを行なう上で海空軍の建設に注力し、その軍事戦略上の目標線として、第一・第二列島線を設定している。第一列島線は九州を起点に、沖縄、台湾、フィリピン、ボルネオ島にいたるライン、また第二列島線は伊豆諸島を起点に、小笠原諸島、グアム・サイパン、パプア・ニューギニアに至るラインといわれる。二つの列島線は起点が日本──九州と伊豆諸島──とされるが、私はそうは思わない。二つの列島線の起点は朝鮮半島だと思う。いずれにせよ、中国が二つの列島線を突破するためには、日本よりも先に朝鮮半島をその影響下に収めなければならない。習近平政権が手練手管で韓国の朴前大統領を篭絡しようとしていたのがその証左ではないか。

ロシアの極東進出は帝政ロシア時代から始まった。文久元年（1861年）には、ロシア帝国海軍の軍艦ポサドニック号が対馬に来航し芋崎を占拠し、兵舎・工場・練兵場などを建設して、半年余にわたって居座った事件があった。ロシアの「不凍港の獲得」を目指す南下政策は永劫変わらない。いわば国是だろう。

ロシアが、太平洋に進出するためには宗谷・津軽・対馬の３海峡を打通する必要がある。そのうち、対馬海峡打通のためには最小限、朝鮮半島が重要となる。

ロシアと中国は現在、戦略的パートナーシップ関係を演出している。しかし、内実は永遠のライバルである。朝鮮半島を中ロいずれかが支配下におさめれば、北東アジアにおける戦略的優位性は圧倒的に高まるだろう。

古田博司筑波大教授は先に紹介した著書の中で「戦後、韓国は南北に分断されたが、韓国は38度線のお陰で史上初めて中国の勢力圏から逃れることができた。（中略）韓国は〝島化〟した」と指摘している。そのお陰で、北朝鮮とは対照的に韓国は一定の自由と繁栄を謳歌できるようになった、というわけだ。

在韓国防衛駐在官（１９９０～93年）当時から筆者も古田教授と同様の考えを持っており、韓国海軍の将軍たちに、半分冗談で次のような提案をしたことがある。

「韓国海軍増強のネックは、半島が中国・ロシアと陸接していることですね。いっそ38度線沿いに巨大な運河を掘ったらいかがですか。そうすれば韓国は文字通り〝島国〟になり、海洋国家に生まれ変わります。この運河により、北朝鮮の脅威――勿論、その背後には中ロ（大陸国家）が存在――は大幅に低下し、韓国陸軍に投入する予算が削減でき、代わりに韓国海空軍を増強できます。この運河は、日本もロシアも中国も歓迎するはずです。対馬海峡ルートよりも、海運コストが低減されると思います。また、もし韓国が北朝鮮を統一したら、同じ発想で鴨緑江と豆満江を結ぶ運河、あるいはもう少し南に下がって平壌と元山を結ぶ運河を掘れば、朝鮮半島（統一朝鮮）全体がほぼ中ロの脅威から切り離せるのではないですか」と。

いずれにせよ気の毒なことに、朝鮮半島は地政学上「大陸国家と海洋国家の攻防の地」という悲劇的な宿命を背負っているのだ。

南北分断のメカニズム

朝鮮半島の地政学第2則について、「南北分断のメカニズム」を「磁気分極現象」に擬えて説明したい。

第二次世界大戦末期において、米ソは、欧州、中東、極東など米ソ両軍が競合する最前線では戦後の勢力圏確定争いを演じた。朝鮮半島における米ソの〝縄張り争い〟の経緯はこうだ。1945年8月9日、ソ連は日ソ中立条約を一方的に破って満州と朝鮮半島北部

第7図　磁気分極現象

に侵攻を開始した。米国は、ソ連軍が単独で朝鮮半島を占領する事態を防ぐため、ソ連に対し半島の分割占領案を提示することとした。「北緯38度線で分割する」案を提示したところ、ソ連はこれに同意した。これにより、38度線以北の日本軍はソ連軍に、以南は米軍に降伏することが決定された。

同年8月15日、日本がポツダム宣言を受諾するや、朝鮮人による建国の動きが高まったが、統一政府の代表選挙の立候補資格をめぐって両組織の後ろ盾である米国とソ連の利害対立が激化し、南北が別々に統一選挙を行なう異常事態となった。結果として1948年、金日成を首班とする朝鮮民主主義人民共和国と李承晩を大統領とする大韓民国という二つの国家が、北緯38度線を境にして誕生した。

地政学的に俯瞰（ふかん）すれば、38度線における朝鮮半島の南北分断（勢力圏分割）は、大陸国家のソ連と海洋国家の米国とのパワーバランスによって成立したと見ることができよう。

このように朝鮮半島が大陸国家のソ連と海洋国家の米国により南北に分断された現象は、磁気分極現象に似ている。磁気分極とは、第7図のように磁石のN極とS極の間に釘などの鉄片（磁場の中で磁化される物質）を置くと、N極に近いほうの釘の端にS極の磁極が現れ、S極に近いほうの釘の端にN極の磁極が現れる現象のこと。朝鮮半島と同様に分極（分裂）する現象は、欧州でも見られた。ドイツは、米英仏占領下の西ドイツとソ連占領下の東ドイツとに分断された。

今日、ウクライナでも同様の分極現象が起こりつつある。ロシアはソ連崩壊でパワーを喪失したが、資源の高騰などで国力を回復した。ソチオリンピックの成功で自信を得て、失地回復のためにまずはクリミアを、それからウクライナ東部のロシア系人口の多い地域を奪い返そうとしている。最終的にどのようになるのか分からないが、ロシアと米国・EUの間のパワーバランスにより、ウクライナは分割されることになるだろう。

日本も例外ではない。第二次世界大戦後、ソ連のスターリンは釧路市と留萌市を結ぶ線より北東側の北海道をソ連占領地域とするようGHQに要求したが、マッカーサーの反対により実現しなかった。もし実現していたら北海道では、釧路と留萌の間に、〝蝦夷の壁〟が築かれ、北側には北方四島に連接してロシア軍が展開し、南側には〝在道米軍〟が睨みを利かせていたことだろう。

日本は地理的には分断を免れたが、頭の中（イデオロギー）はいまだに分断が続いている。民進党・社民党・共産党・日教組などは、いまだにソ連時代の左翼勢力の生き残りとして様々な問題で国論の分裂を図ろうとしている。

南北朝鮮を取り巻く戦略環境は１９９１年のソ連崩壊により激変した。磁気分極現象にたとえればＮ極に当たるソ連が崩壊し、Ｓ極に当たる米国のパワーバランスが圧倒的に強くなった。Ｎ極・ソ連に庇護されてきた北朝鮮は〝風前の灯〟となり、崩壊の危機に瀕した。しかし程なく、ソ連に代わって中国が新たに台頭してＮ極の役割を担うようになり、北朝鮮の崩壊は回避され、南北朝鮮の分断状態は維持された。

戦略環境の変化はさらに続く。今度は、中国が台頭する一方で米国が凋落し始めたのだ。磁気分極現象では、Ｎ極とＳ極の磁場の強さは等しい。しかし、朝鮮半島における〝南北分極状態〟の両極――米国と中国――のパワーバランスは変化している。今は相対的に中国のパワーが台頭し、米国のパワーが凋落しつつある。今後もこの傾向が継続すれば、朝鮮半島では南北朝鮮ともに中国に吸引される傾向が強まるものと予測される。北朝鮮は完全に中国の植民地状態になり、韓国も限りなく習近平政権の軍門にひれ伏すようになるだろう。

トランプは、朝鮮半島におけるパワーバランスを好転できるのだろうか。

朝鮮半島は大陸国家と海洋国家のバッファーゾーン

朝鮮半島の地政学第2則にちなみ、「朝鮮半島は大陸国家と海洋国家のバッファーゾーン」であることを説明しよう。

バッファーゾーンとは地政学の用語の一つで緩衝地帯のことである。バッファーゾーンを挟むことで、対立する国家間の衝突をやわらげる効果が期待できる。「衝突をやわらげる効果」とはどんなものだろうか。国家の間にバッファーゾーンがない場合には、民間人同士のトラブル、密出入国や密貿易などの犯罪、兵士による銃の誤射や暴発などが引き金となり軍事衝突に発展する恐れがある。「衝突をやわらげる効果」とは、具体的にはこんなリスクを減らすことを意味するのではないだろうか。

また、攻撃を企図する国側は、バッファーゾーンを横断して戦力を推進する必要がある。

相手国にとっては、このバッファーゾーンを横断する動きを察知し、横断にかかる時間を活用して、相手の奇襲攻撃に対処できるわけだ。

マクロに見れば、バッファーゾーンは、敵対する二つの国にとって、利害が衝突する地域であり、これを挟む形で両国の軍隊が睨み合うのが普通である。それゆえ、バッファーゾーンはいわば〝火薬庫〟そのものになりうる存在で、戦争の〝引き金〟になる性格を持っている。

朝鮮半島というバッファーゾーンの〝悲劇〟は、世界の超大国である米国と中国・ロシアの間に存在することによる。朝鮮半島は、冷戦時代も今も、単に軍事力だけにとどまらず、海洋国家と大陸国家、あるいは共産主義イデオロギーと資本主義・民主主義イデオロギー（文明）の衝突する場所といえよう。

米中ロにとっての朝鮮半島・バッファーゾーンの意義は何だろうか。米ロあるいは米中の軍隊の間にバッファーゾーンが無く、直接対峙する（睨み合う）状況では、万が一些細なことから両軍が交戦状態――弾を打ち合う事態――に陥った場合、これがエスカレートすれば、核戦争――米中ロはおろか人類全体に深刻なダメージを与える――に発展しかねないという懸念・恐怖が存在する。

今日、米国は同半島を挟んで中国・ロシアと対峙している。バッファーゾーンの中には、兵力を配置しないのが普通だが、米国は在韓米軍を配置している。なぜか。それは米国と韓国の距離が太平洋を越えて９０００㎞以上離れていることや、休戦協定交渉時、米軍と中ロ軍のパワーバランスなどをカウントした結果からだろう。したがって厳密に言えば米中ロにとってのバッファーゾーンは北朝鮮だけ、ということになる。

しからば中国とソ連（ロシア）は、なぜ軍を北朝鮮内に配備しなかったのだろうか。いろいろな理由があったのだろうが、中ソ一方だけが北朝鮮内に軍を配備する案は両国とも認められず、相互に牽制し合った結果ではなかろうか。

日本にとっての朝鮮半島の意義は、中ロの脅威から〝間合い〟を取ることだろう。日本は日本海、黄海、東シナ海という〝海洋バッファーゾーン〟を持つが、朝鮮半島という大陸からの「回廊」を経由する中ロの脅威に対しては、南北朝鮮は有効なバッファーゾーンの役割を果たしてくれる。

日本は明治以来、極東におけるロシア・ソ連軍の脅威に備えるために、朝鮮半島を含む大陸正面にバッファーゾーンが欲しかった。そのためかつては韓国を併合し、満州国を建国した。さらにユダヤ人自治区を満州に建設する「河豚（フグ）計画」まで構想された。

朝鮮半島は今も日本にとっては、中ロの脅威に対するバッファーゾーンである。率直に言えば、日本にとって、現状――南北朝鮮が分断された状態――が安全保障上は望ましいのだ。韓国が北朝鮮を併合し、日米側にとどまるのであれば良いが、中国側に寝返ることになれば、中国の脅威が釜山まで及ぶようになり、日本の国防は危機に瀕することになる。

在韓米軍は、長期にわたり退潮傾向にある。米国防省は在韓米第２師団隷下の第１機甲戦闘旅団の任務を２０１５年６月で終了し、米国に復帰させ、その後は９カ月ごとに米本土から交代部隊を派遣する「ローテーション配備」に変更した。これにより米第２師団の固定配備戦力はわずかに第２ストライカー戦闘旅団のみとなる。日本にとって韓国というバッファーゾーンに加え、在韓米軍という抑止力が削減される意味を深刻に考えるべき時が来ている。

朝鮮半島問題の〝主役〟と〝脇役〟

朝鮮半島の地政学第２則にちなみ、「朝鮮半島問題においては、〝主役〟は米中ロであり、韓国と北朝鮮は〝脇役〟に過ぎない」という事実を説明したい。

２０１０年11月23日14時頃、北朝鮮軍が延坪島に向けて突然砲撃を開始した。朝鮮人民軍が発射した砲弾は約170発で、そのうち80発が同島に着弾した。当時、韓国軍海兵隊延坪部隊第7砲中隊は配備している6門のK9 155㎜自走榴弾砲のうち4門を動員して、月に一度の陸海合同射撃訓練を行なっている最中であった。韓国軍は北朝鮮軍の砲撃を受けた後、約15分後には相手の砲陣地を目標に80発の反撃射撃を行なった。またF-15KとKF-16戦闘機4機ずつを島に向け、非常出撃させた。

この事件で韓国の海兵隊員2名、民間人2名が死亡、海兵隊員16名が重軽傷、民間人3名が軽傷を負った。韓国軍合同参謀本部はただちに珍島犬1号(非常事態警報)を発令した。

事件直後、東京訪問(核問題協議)を終えて中国に向かっていた米国のボズワース北朝鮮問題特別代表は23日夜に武大偉・朝鮮半島問題特別代表らと協議し、同砲撃事件に関して「自制的な対応を取る」ことで米中両国が一致した旨明らかにした(22時ころ)。注目されるのは、この米中のすばやい対応であろう。事件発生の当日のうちに米中は事件の不拡大(エスカレート阻止)で合意し、中国が北朝鮮を、米国が韓国をコントロールすることを確認しあったわけだ。

もちろんボズワース・武大偉会談以前にもワシントンと北京の間の様々なレベルの電話会談などが行なわれ、事件の不拡大(エスカレート阻止)については確認・合意済みだったはずだ。このような〝手打ち〟のやり方は、朝鮮戦争終了以来何度も繰り返されてきたことなのだ。

韓国・北朝鮮がしでかした事件処理の際には、ただちに〝親分格〟にあたる米中あるいは米ロが前面に出てきて事態の不拡大に奔走し〝子分格〟の韓国と北朝鮮を押さえ込もうとする。なぜだろうか。それは事態が拡大すれば、〝親分同士〟の戦争に発展しかねないことを恐れるからだ。

韓国と北朝鮮はそれぞれ米国と中ロの〝許可〟がなければ単独で紛争をエスカレートすることはできない。韓国と北朝鮮は背後から「待て、喧嘩はそこまでだ。それ以上やると承知しないぞ」と一喝されるとひとたまりもない。朝鮮半島においては半島に国を構える韓国と北朝鮮は〝脇役〟で、〝主役〟はあくまでも米国と中ロなのだ。この有様は、子供が喧嘩をすると、すぐに双方の親が出てきて親同士が仲裁するのに似ている。南北朝鮮は、双方の親からたしなめられる無分別な2人の〝やんちゃ坊主〟のようなものなのだ。

米国と中ロは事件直後に不拡大で合意した後は、国連の場で御定まりの〝芝居〟をするのが常だ。先に手を出した北朝鮮に対する制裁などの決議が国連の安全保障理事会にかけられるが、常任理事国である中国・ロシアの反対でほとんど成立しない。

〝主役〟の米国と中国・ロシアが〝脇役〟の韓国と北朝鮮をコントロールする――縛るといったほうが正しいかもしれない――手段は何だろうか。韓国に対する米国のコントロールの源は米韓相互防衛条約だろう。この条約は日米安保条約と同様に「韓国防衛」という利益をもたらす一方で、「韓国コントロールの手段」ともなる。米国はこれに加え、韓国軍に対する作戦統制権（有事）を保有している。朝鮮戦争時、釜山橋頭堡に追いつめられ、存亡の危機に瀕した李承晩は、米軍から見捨てられないための苦肉の策として韓国軍の作戦統制権をマッカーサーに委譲した。平時の統制権は1994年に韓国軍に移管され、戦時作戦統制権も当初は2015年末に移管される予定だったが、2014年10月の米韓安保協議会で2020年代半ば頃を目標に移管することで合意した。

米韓間と同様に、中国と北朝鮮とは中朝友好協力相互援助条約（1961年）を、ソ連と北朝鮮はソ朝友好協力相互援助条約（1961年）を、それぞれ軍事同盟として締結した。しかし、1991年のソ連崩壊により、ソ朝友好協力相互援助条約は1996年に破棄・失効した。そこでロシアと北朝鮮は、新たにロ朝友好善隣協力条約を締結（2000年）した。注目すべきは、この新条約では旧条約で規定されていた軍事同盟の条項が削除されている。

そんな〝脇役〟に過ぎない分際の韓国大統領が、「オレは米中のバランサーになる」と言いだしたら、世界は「オイ、気は確かか？　自分の立場・力量をわきまえろ」と思うのが普通だろう。これは実際あった話だ。盧武鉉大統領は2005年、陸軍士官学校の卒業式で「これから私たちは韓半島だけでなく、北東アジアの平和と繁栄のため、〝バランサー〟の役割を果たしていく。今後、われわれがどのような選択をするかによって、北東アジアの勢力図は変化するだろう」と啖呵（たんか）を切って斯界の失笑を買った。米国、中ロと韓国・北朝鮮の国力はあまりにも違いすぎ、逆立ちをしても韓国が北東アジアの平和と繁栄のため、〝バランサー〟役を務めることなどできないのだ。

半島国家・韓国の憂鬱──大陸・海洋二正面への対処

朝鮮半島の地政学第２則を敷衍して、韓国の安全保障は大陸正面（中国・ロシア）と海洋正面（米国・日本）の二正面に対処しなければならない宿命にあることを説明したい。

半島国家が、「大陸正面と海洋正面の二正面に対処しなければならない」という宿命は、イタリアの歴史を見れば分かる。かつて大陸正面から名将ハンニバル、ナポレオンがアルプスを越えた。険峻なアルプスがあるとはいえ、イタリア半島は大陸正面に脅威を有している。海洋正面に目を転ずれば、サラセン人はアフリカ大陸北岸から出撃し、地中海を渡り、イタリア半島の都市国家を狙って海賊行為を繰り返した。このように、イタリア半島は大陸と海洋との両正面から侵攻を受けてきた歴史がある。

朝鮮半島も同様に、大陸・海洋両正面からの脅威がある。海洋正面からの脅威は、秀吉の二度にわたる朝鮮出兵――文禄の役（1592年）と慶長の役（1598年）――を見ればよく分かる。また、前述のように、朝鮮半島の日本海側は峨々たる山脈だが半島西側（黄海側）は、ほぼ平坦で、中国大陸に出現する大国の侵攻には弱い。

韓国は建国から2年も経たない1950年6月には、ソ連と中国の支援を受けた北朝鮮の侵攻を受け、朝鮮戦争に突入した。米国を主体とする在韓国連軍は圧倒的な海空戦力により制海・空権を確保し戦った。誕生まもない韓国は財政力も乏しかったため、海空戦力はほとんど米国に依存し、陸軍を主体に戦った。開戦当初約10万人だった韓国軍は休戦協定（1953年7月27日）締結時には約200万人にまで拡大していたが、その主体は陸軍だった。また朝鮮戦争以降も韓国は米海空軍を頼みとして、引き続き陸軍が韓国軍の主体となった。ちなみに現在の韓国軍の兵力組成は総兵力約65・3万人のうち陸軍約52万、海軍約6・8万人、空軍6・5万人と陸軍が主体となっており、全軍の約80％を占める。

韓国では陸軍出身の朴正熙・全斗煥・盧泰愚が三代にわたって軍政を敷き、陸軍が軍事のみならず政治・経済などの分野にも大きな力を持っていた。筆者が在韓国防衛駐在官時代は盧泰愚から金泳三文民政権への過渡期であったが、韓国における陸軍の力を如実に見せ付けられたものだ。

韓国は朴前政権になって、外交政策と軍事戦略を大きく変換しようとした。同政権の外交・軍事戦略変換の主因は、「中国の台頭と米国の凋落」であろう。北朝鮮を挟んでいるとはいえ、陸続きの中国が急激に台頭するに及び、韓国は中国に接近し、米国との距離が広がりつつあった。朴前政権は、「北朝鮮の脅威は米国に頼まなくても、中国が背後から牽制してくれる」と計算していたのだろう。

米韓離間の流れの中で、朴前政権の日本に対する挑発はエスカレートするばかりだった。朴前政権の反日政策は、期せずして中国の思惑――日韓分断を図り、次いで、日米分断策を追求し、北東アジアから米国を追い出す――に合致した。韓国は、いわば〝中国の走狗〟の役割を演じているようだった。

朴前政権は、米中の間を〝二股外交〟で上手く立ち回っていると自負していたかも知れない。しかし、超大国の米国・中国の間で、〝二股外交〟を演じるのは至難の業なのだ。〝二股外交〟の展開には、次のような二つのシナリオが考えられる。

第一は、韓国が米韓同盟を破棄して中国の傘下に入るというシナリオがある。その場合にも、中国が牽制してくれるとはいえ、韓国にとって、北朝鮮が本質的に脅威であることは変わらない。他方、米国・日本は敵に転じ、韓国にとっては脅威と化す。また、従来の米国というカウンターバランスを失えば、北朝鮮のみならず韓国までもが完全に中国の支配下に入り、南北は〝中国に対する忠誠競争〟を強いられる立場になるだろう。

第二のシナリオとして、韓国が〝二股外交〟により、〝中立化〟を志向する道もある。この場合、程度の差こそあれ、北方の北朝鮮と中国からの脅威（主として陸軍）と南東方向からの日米の脅威（主として海・空軍）を受ける状態は変わらない。韓国は孤立して「二正面作戦」を余儀なくされる。韓国はこの場合、従来の陸軍主体から海空軍建設にも相応の財政・人員を投入しなければならなくなる。韓国程度の国力で「二正面作戦」を行なうのは不可能だろう。

第二次朝鮮戦争も「限定戦争」にとどめうるか

過去の朝鮮戦争において米中ソは核兵器を使わず、戦争を半島内に限定した。しかし将来、万が一、第二次朝鮮戦争が生起した場合、米中ロはこの戦争を再び限定（制限）戦争にとどめ得るだろうか。

限定戦争（Limited War）とは、「戦争を行なう地域（エリア）、手段、使用兵力および達成目標になんらかの限定を加えて実施される戦争」のことである。核ミサイルの出現により、どのような戦争でも核戦争へとエスカレートし、場合によっては人類絶滅につながる悲劇がもたらされる恐れが出てきたことから、限定戦争が注目されるようになった。

朝鮮戦争は、まさに限定戦争だった。すなわち、米中ソは、双方が直接交戦することや、戦争を半島外に拡大する事態を回避するとともに、核戦争にエスカレートしないために限定戦争にするよう努力した。このため、幸いにも日本までは戦争が波及しなかった。

北朝鮮軍に奇襲され、釜山橋頭堡に追い詰められたマッカーサー元帥は起死回生の一手として、ソウル近郊の仁川への上陸作戦を主張した。この作戦は元帥自身が「成功率０・０２％」というほどの至難な作戦だった。このため米統合参謀本部、陸・海軍はすべて反対して中止させようとしたが、元帥は作戦を強行した。作戦は大成功に終わり、戦局は一気に逆転し、彼の名声と人気は高まった。

その後勝利を重ねて38度線を突破し、中朝国境を目指し北進を続けた。「中国による参戦はない」と信じたマッカーサーは、トルーマン大統領から「中国を刺激するので過度な北上は行なわないように」との命令を受けたものの、補給線が延びるのも構わず、中朝国境の鴨緑江まで迫った。

その結果、中国の〝形を変えた――義勇軍――参戦〟を招くこととなった。毛沢東は「米中両軍によるガチンコ戦争」という事態を避けるために、人民解放軍を中国人民志願軍（彭徳懐司令官）と誤魔化して戦線に投入した。中国人民志願軍は1950年10月19日に参戦し、人海戦術により米韓軍を攻撃し、南に押し戻した。翌年になると、北朝鮮軍と中国人民志願軍の反攻が本格化し、1月4日にはソウルを再攻略した。

このような状況を打開することを目的として、マッカーサーは中国の海上封鎖、台湾軍の中国統治地区への上陸作戦、中国領となった旧満州に対する空爆、さらには核攻撃までも主張した。しかしトルーマンは、「核兵器を使用することでソ連を強く刺激し、その結果ソ連の参戦を招きかねない」としてこの意見を却下した。マッカーサーが第三次世界大戦勃発の危機さえ誘発しかねない核攻撃を主張したのみならず、大統領の命令を無視して北上を続けて、中共の参戦を招いたことに激怒していたトルーマンは、4月11日付けで元帥を更迭した。

このように、朝鮮戦争において米国は北上進撃を抑制するとともに、満州への空爆や核攻撃を禁止したほか、台湾軍の参戦を阻止して、戦域を朝鮮半島内に限定させるなどの努力を行なっている。一方、ソ連は直接参戦をせず、中国は人民解放軍に人民志願軍というレッテルを張って誤魔化し、米軍と中ソ両軍の直接交戦となる事態を回避した。

米中ソはなぜ戦争を限定しようとしたのか。朝鮮戦争中の1949年8月、ソ連はセミパラチンスクで米国の長崎型と同じプルトニウム原爆の実験に成功したとはいえ、核戦力では米国が中ソに対して圧倒的に優位だった。このため、中ソのほうが戦争をエスカレートさせる事態は避けたかったはずだ。一方の米国も、第二次世界大戦で首尾よく勝利したものの、大戦終了から間もない時期に再び中ソとの大戦を始める気にはなれなかったのだろう。ちなみに日本は、米中ソが朝鮮戦争を限定戦争にしてくれたお陰で、戦火の波及を免れ、朝鮮戦争特需を享受したことはまことに僥倖であった。

しかし、将来、万が一、第二次朝鮮戦争が勃発したら、前回同様、戦争を地域的・手段的に限定できるだろうか。「米国の凋落と中国の台頭」により、アジア正面においては朝鮮戦争時とは比べものにならないほど戦略環境は中国にとって改善している。軍備拡張で自信をつけた中国が米国に挑戦して、朝鮮半島から戦線を拡大して台湾や日本列島を戦争に巻き込みかねない恐れが出てきているのではないだろうか。

また、北朝鮮は、〝自称〟水爆実験を行なうなど、前回の朝鮮戦争では存在しなかった弾道ミサイルや核を保有していることにも留意すべきだ。さらに前回は活用しなかったテロ・ゲリラ作戦などを日本国内で実施し、在日米軍・自衛隊基地や原発などの重要インフラを攻撃させる可能性もある。第二次朝鮮戦争が前回同様、限定戦争になるかどうかは、日本の安全保障にとっては、極めて重大な問題である。

第2則が理解できる朝鮮史——閔妃暗殺

朝鮮半島の地政学第2則「朝鮮半島は大陸国家と海洋国家の攻防の地」という事実を理解する上で、角田房子氏の『閔妃（ミンビ）暗殺　朝鮮王朝末期の国母』（新潮文庫）は役に立つ書だと思う。ここで、同書で描かれた時代における大陸国家と海洋国家の攻防について振り返り、今日、朝鮮半島で繰り返されている大陸国家と海洋国家の攻防と対比してみたい。

私は朴前大統領が中国という大陸国家を味方につけ——中国の陰謀で韓国が取り込まれているというのが実相だと思うが——、従軍慰安婦問題などで日本を非難したり、米国の要求を拒む様子を見て、「昔も似たような女性がいたなー」という思いがフッと胸に湧いたものだ。まさにその女性こそが李氏朝鮮の第26代王・高宗の妃の閔妃だったことに気付いた。

明治維新から約30年を経て国家の基礎を固めた日本は、次第に目を国外に向けるようになった。山県有朋首相は意見書「外交政略論」で、「日本の『利益線』の焦点は実に朝鮮に在り」と主張し、後にこれが日本の国防戦略の基本方針となった。

この直後、朝鮮半島で日清の角逐が始まった。１８９４年、朝鮮で東学党の乱が起こった。東学党の乱とは、一種の宗教団体である東学党が、農民が自力で建設した灌漑施設が生み出す成果を横取りしようとする地方官の厳しい税の取り立てを拒否したことに始まった大規模な農民の反乱だった。困った朝鮮政府は清に内乱鎮圧の援軍を頼んだ。日本はこれを黙過せず、事前に結んでいた天津条約（派兵する際は事前に通告しあう）と朝鮮にある日本公使館を守ることを口実に朝鮮に出兵した。こうして生起した日清戦争で、日本は〝眠れる獅子〟といわれた清に勝利した。日本は清との間に下関条約を結び、朝鮮の独立を認めさせ、大陸正面における日本の足掛かりを得た。日本という新興の海洋国家が、清という大陸国家から朝鮮半島の支配権を奪ったのだった。

次に、清に代わって大陸国家代表として登場するのがロシアである。日清戦争に勝利した日本は朝鮮半島における地歩を固め、李氏朝鮮を事実上の支配下に置くようになった。日本の勢力拡大を憂慮した李氏朝鮮第26代王・高宗の妃であった閔妃――微妙なバランス感覚による外交手腕に優れていた――はロシア公使のウェーベルに接近し、ロシアの力を借りて日本を掣肘しようとした。ロシアという大陸国家の朝鮮半島進出を何とか阻止したい日本にとって、ロシアと手を組もうとする閔妃は目障りな存在だった。日本側では彼女を「女狐」と呼ぶ向きもいたようだ。

当時、朝鮮においては閔妃の政敵として国王の実父である大院君——閔妃にとっては義父——がおり、閔妃の政策は大院君への怨念ともいえる姿勢で貫かれていた。閔妃は当初、攘夷政策の大院君に対抗して開国・親日路線をとり、次に清に頼る事大主義へと路線変更した。日清戦争で清が敗れ、勝者である日本側が大院君派を推すと、閔妃は親ロ政策で対抗した。

1895年10月8日、閔妃は何者かによって王宮の景福宮で殺害され、遺体も焼却された。朝鮮の親ロ化によって日本の影響力が低下することを恐れた日本公使・三浦梧楼（長州出身の陸軍中将）が暗殺を首謀したという嫌疑がかけられた。三浦は召還され裁判にかけられたが、証拠不十分で免訴・釈放された。

今日、朝鮮半島における覇権争いの構図を当時に対比すれば次のようになる。海洋国家・日本が今日の米国で、清やロシアが今日の中国だ。また朝鮮国内で対立した高宗・閔妃・閔氏一族グループと大院君グループが今日の韓国と北朝鮮という構図だ。

閔妃が頼るべき外国を日本、清、ロシアと変転したように、韓国も当初の米国から朴前政権になって中国にシフトしつつあった（離米従中）。北朝鮮は当初のソ連・中国依存からソ連崩壊後は中国依存を強めたが、金正恩が親中派の叔父・張成沢を粛清したことでその関係は冷え込んでいる。

いずれにせよ、朝鮮半島内の相争う二つの勢力が、それぞれが頼みとする海洋国家と大陸国家と組んで攻防・角逐を繰り広げる構図は、「閔妃暗殺」当時から１００年余を経た今日においても変わらないことだけは確かである。朝鮮半島の地政学第２則「朝鮮半島は大陸国家と海洋国家の攻防の地」という事実が納得いただけるだろう。

朝鮮半島における軍事バランスの変遷

朝鮮半島の地政学第２則に関連して、朝鮮戦争以降の半島における軍事バランスの変遷について説明したい。

第１ステージ（休戦協定以降冷戦崩壊まで）

朝鮮戦争の休戦（１９５３年７月27日）以降、朝鮮半島においては第８図のように休戦協定を支点として、北朝鮮側が中ソの支援を、韓国側が米国と在韓国連軍参加諸国家の支援を得て、きわどいバランスを維持してきた。在韓国連軍は米国・英国・トルコ・カナダ・オーストラリア・フランス・タイ・オランダ・ニュージーランド・南アフリカ共和国・コロンビア・ギリシア・ベルギー・エチオピア・フィリピン・ルクセンブルグの16カ国か

第8図　南北の軍事バランス（休戦～冷戦崩壊まで）

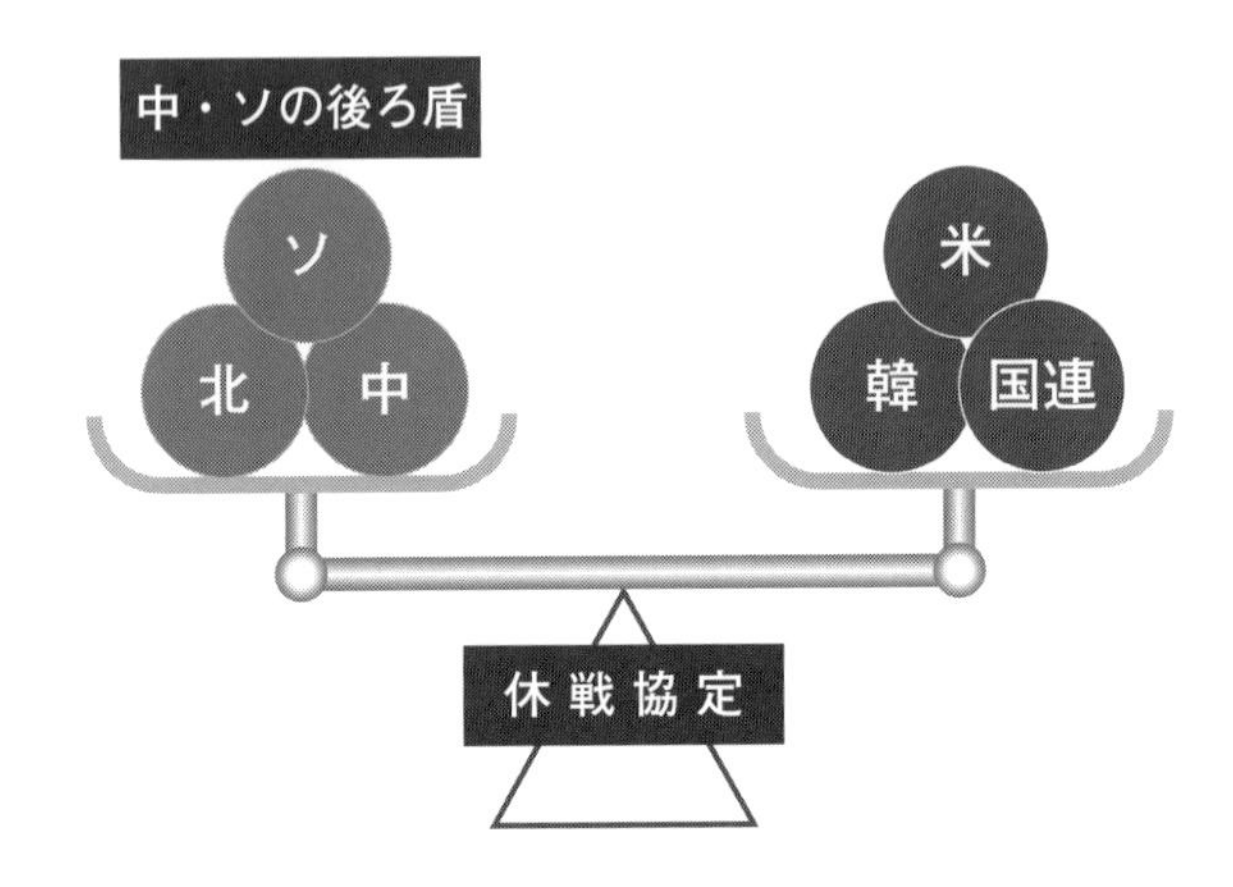

ら派遣された。休戦協定以降は米軍が主体で、他の国々はほとんど撤兵した。とはいえ米・英・仏の国連安保理の常任理事国をはじめ、これらの支援諸国の国連や国際政治の場における影響力は、韓国側の軍事バランスに間接的ではあるが無視できない影響を及ぼすものと思われる。

冷戦間には、①青瓦台襲撃未遂事件（1968年、北朝鮮のゲリラ31名が朴正熙大統領暗殺を狙って韓国陸軍第26師団の模擬制服で変装して休戦ラインを突破、韓国領に侵入したが、青瓦台〈大統領府〉800m手前で警戒中だった韓国当局の検問により突入を阻止）、②プエブロ事件（1968年、北朝鮮が米国家安全保障局の電波情報収集艦プエブロ号を領海侵犯を理由に攻撃し、乗員1名が死亡、残る乗員82名の身柄を拘束）、③文世光事件（1974年、朴正煕大統領夫人が北朝鮮から指令を受けた在日韓国人の文世光によって射殺された）、④ポプラの木事件（1976年、非武装地帯内の共同警備区域内に植えられたポプラの木の枝払いをしていた米陸軍兵士に対して朝鮮人民軍兵士が斧で攻撃し、米軍士官2名を殺害）、⑤ラングーン事件（1983年、ビルマを訪問中の全斗煥大統領一行の暗殺を狙った北朝鮮工作員による爆弾テロ）、⑥大韓航空機爆破事件（1987年、大韓航空機が、偽造パスポートを使い日本人に成り済ました北朝鮮の工作員によって飛行中に爆破）など、第二次朝鮮戦争の引き金になりかねない事件がたびたび生起した。しかし、図のような軍事バランスにより、戦争は回避された。

第2ステージ（冷戦崩壊直後）

朝鮮半島における軍事バランスは、冷戦崩壊により激変した。ソ連崩壊によりロシアのパワーが凋落したことに加え、北朝鮮の後ろ盾となってきた中ソ両国が韓国と国交を正常化（韓・ソが1990年9月、中・韓が1992年8月）するという驚くべき事態となった。これにより、第9図に示すように朝鮮半島における軍事バランスは著しく均衡を崩し、韓国側が圧倒的に有利になった。ちなみに、私は韓国に赴任中の1990年9月にソウル市街中にソ連国旗——赤地に黄色の鎌と槌、赤い星（五芒星）が描かれた旗——が溢れるようにひるがえり、まるで革命が起こったかのような衝撃的な景色が出現したのを今も鮮明に覚えている。

北朝鮮の金日成・正日父子は、このような中ソ両国の〝裏切り行為〟に愕然とし、怒り心頭に発したに違いない。加えて金父子は、1989年12月に起きたルーマニア革命で失脚したチャウシェスクが逃亡先で革命軍の手によって妻とともに公開処刑（銃殺刑）された映像を目の当たりにして、恐怖を感じたはずだ。

北朝鮮弱体化の原因は中ソの軍事・外交上の〝裏切り行為〟だけではなかった。北朝鮮は冷戦間享受してきたソ連・東欧諸国からの経済援助が激減し、深刻な経済的打撃を受けた。ソ連との貿易では、それまでのバーター取引から国際市場価格に基づく国際通貨による決済に変更された。同様に東欧諸国や中国との貿易も次々と国際通貨による決済へと変更された。このため、深刻な外貨不足に悩む北朝鮮は、輸入を大きく減らさざるを得なくなった。その結果、それまで貿易額の半分以上を占めていた対ソ連貿易は前年比の約7分の1にまで激減し、東欧諸国からの援助も途絶え、北朝鮮経済は深刻な危機を迎えることになった。

第9図　南北の軍事バランス（冷戦直後）

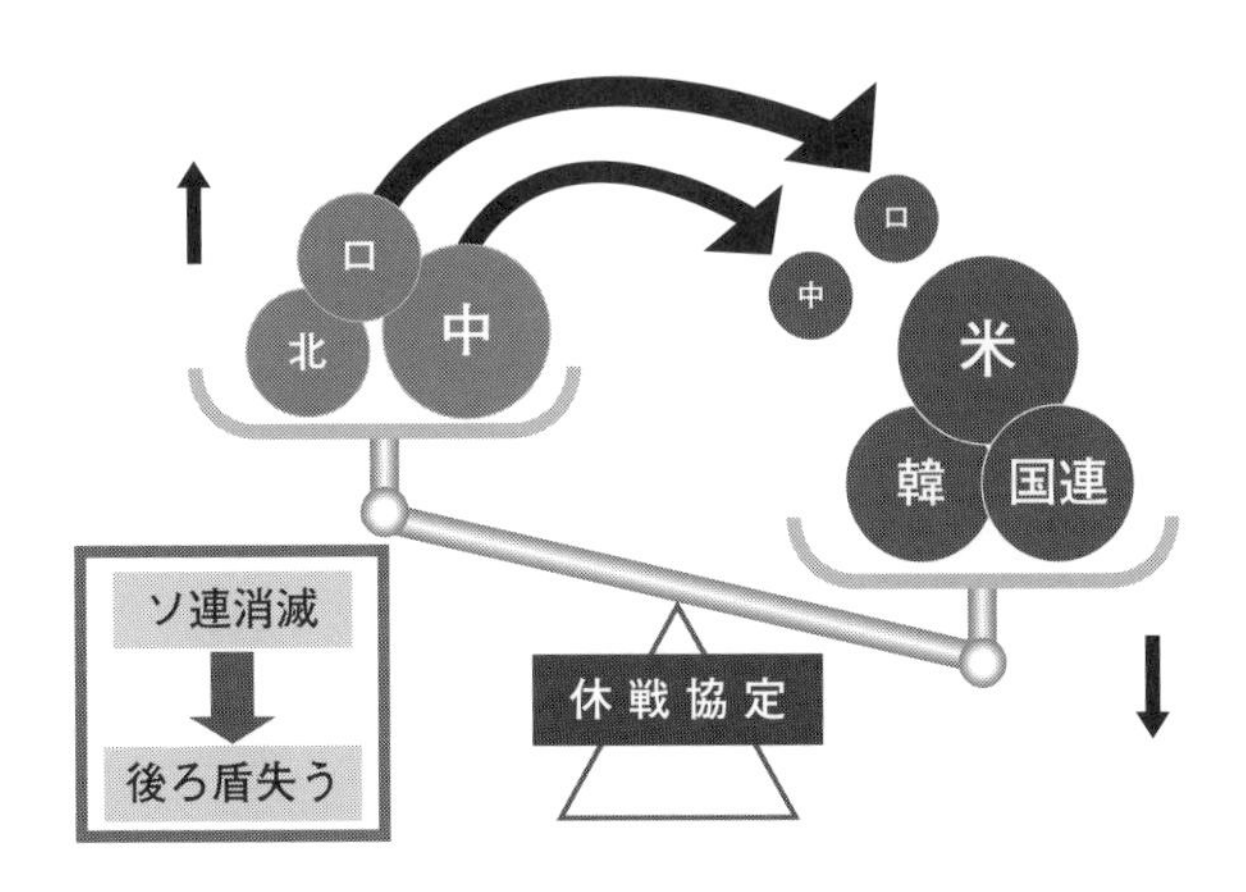

第10図　南北の軍事バランス（北朝鮮・核ミサイル開発）

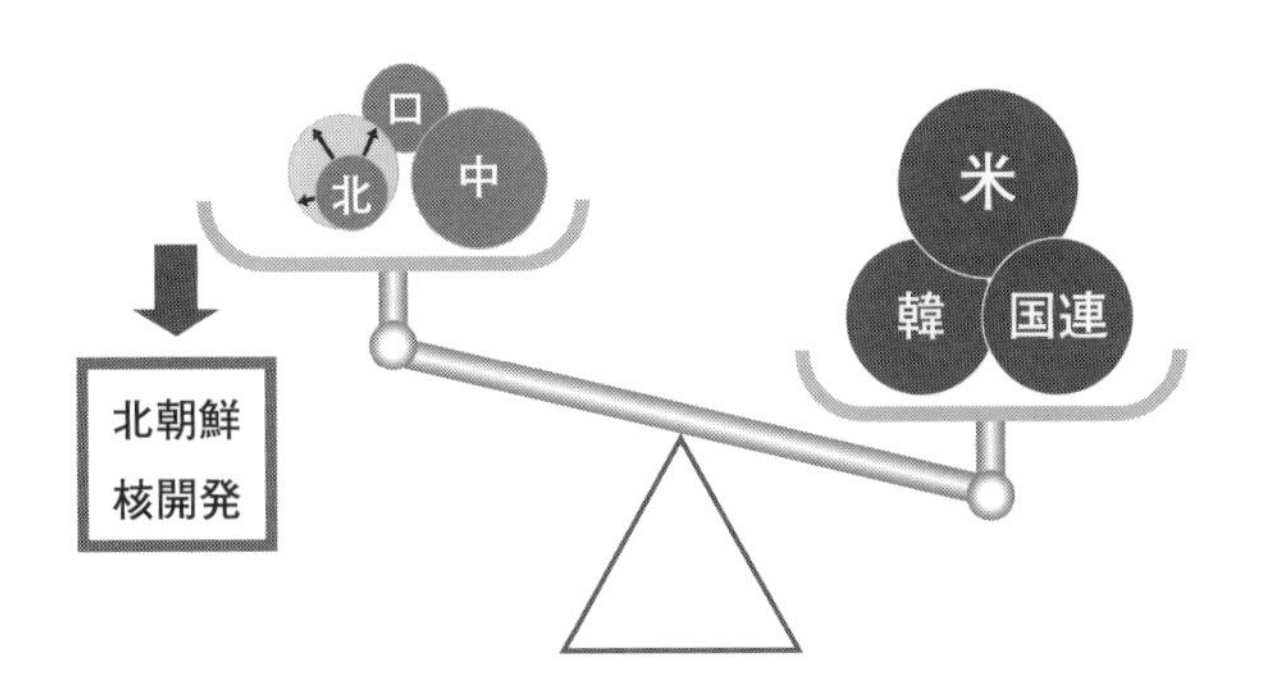

第3ステージ（北朝鮮の〝特化戦略〟）

中ソ両国の「後ろ盾」を失い、四面楚歌の状態に追い込まれた北朝鮮は、折悪しく政権交代期を迎え、金日成は1994年7月8日に死亡した。このような情勢の中で、政権を継承した金正日は、第10図に示すように、軍事力強化の〝切り札〟として核・ミサイル開発のアクセルを踏んだ。核兵器は〝貧者の兵器〟といわれ、経済力が乏しい北朝鮮が一点集中的に〝特化戦略〟として活用できる最適の選択肢だったのだ。

第4ステージ（現在――北朝鮮側の優勢）

冷戦崩壊により、当時の世界情勢は「米国による一極支配」で推移するかに見えたが、実はそうはならなかった。２００８年の世界金融危機以降、米国の凋落が始まった。

一方、ソ連崩壊後で混乱を極めていたロシアは、その後徐々に落ち着きをとり戻した。世界的な石油・ガス価格の高騰による輸出収入の増加を背景に、ロシア経済はマクロ的には順調な成長を遂げた。また、これに合わせて軍事支出も大幅な伸びが見られ、核兵器を含むソ連軍の主力を継承して成立したロシア連邦軍は一定の戦力回復を果たしつつあった。

一方、中国は世界第2位に急成長した経済力を背景に、国防費は20年間余も、一部の例外を除き、毎年2桁の伸びを記録していた。この結果、第11図に示すように、朝鮮半島における軍事バランスは徐々に北朝鮮側に有利になりつつあった。この事実を裏付けるかのような事件が起こった。それが金正日政権末期に起こった韓国海軍哨戒艇「天安」の爆沈事件（２０１０年３月26日）と延坪島砲撃事件（２０１０年11月23日）であろう。北朝鮮は、中国軍の著しい台頭と米軍の相対的な衰退を念頭に、白昼堂々と韓国に対して軍事挑発を行なったものと見られる。

第５ステージ（今後――新たな軍事バランスの形成）

２０１３年２月に朴槿恵が韓国史上初の女性大統領に就任すると、韓国はあからさまに親中国外交政策に舵を切りはじめた。朴の外交はそれだけにとどまらず、徹底した反日外交も推進した。この外交はまさに中国の連衡策（同盟を分断し各個撃破を図る）――米韓分断・日韓分断・日米分断――に沿うものだった。朴はまるで中国・習近平の傀儡のように中国の意のままに指嗾(しそう)されているように見えた。

２０１５年９月、朴は北京で開かれた抗日戦勝70周年記念式典に参加した。一部のメディアは、「韓国は『帰らざる橋』を渡った」とし、「米国陣営から中国側に大きく踏み出した」と評した。また、「『冊封（宗主国・中国と朝貢国・韓国）復活』をお披露目」と皮肉る向きもあった。

第11図　南北の軍事バランス（現在）

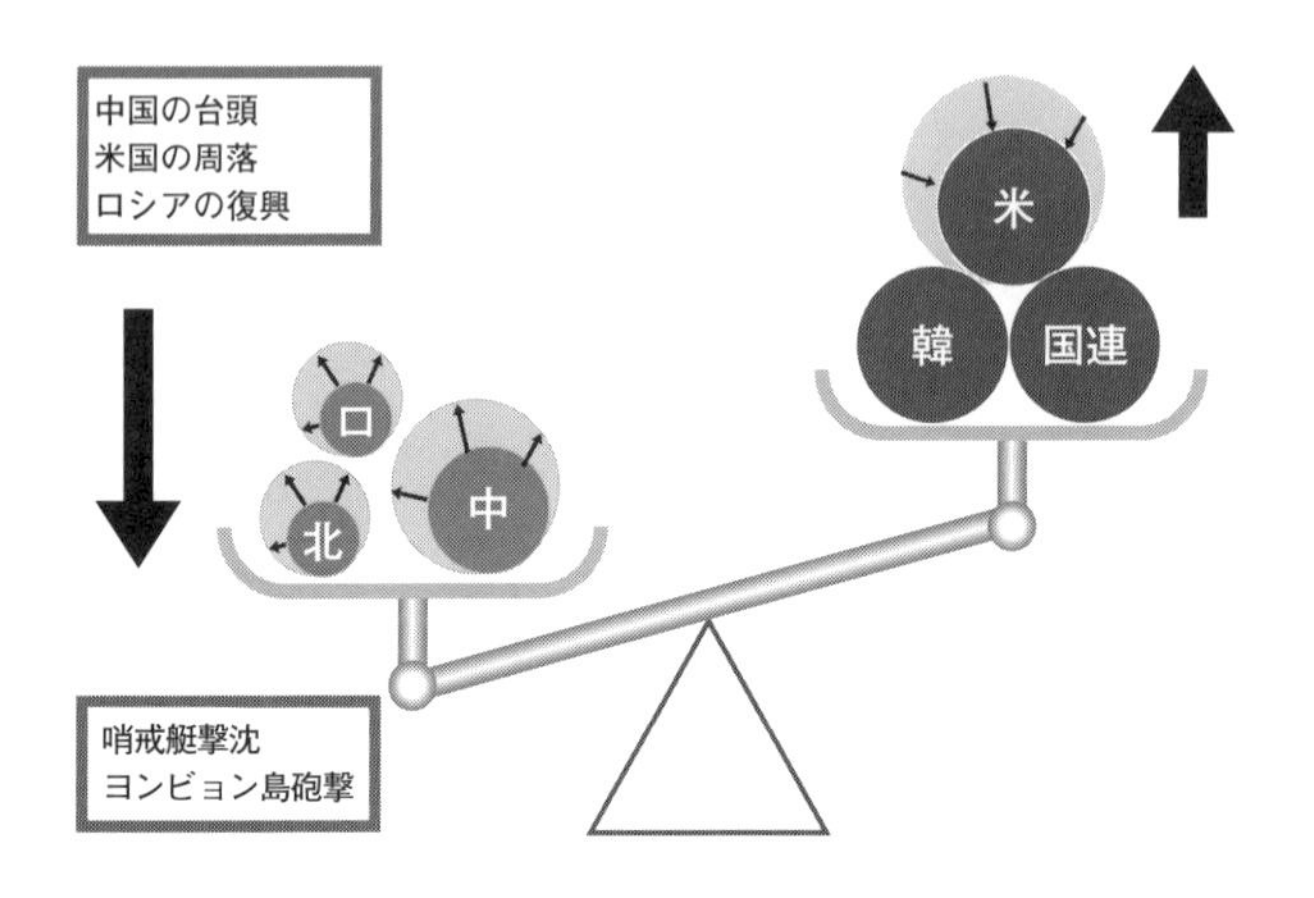

第12図　南北の軍事バランス（新たな軍事バランスの形成）

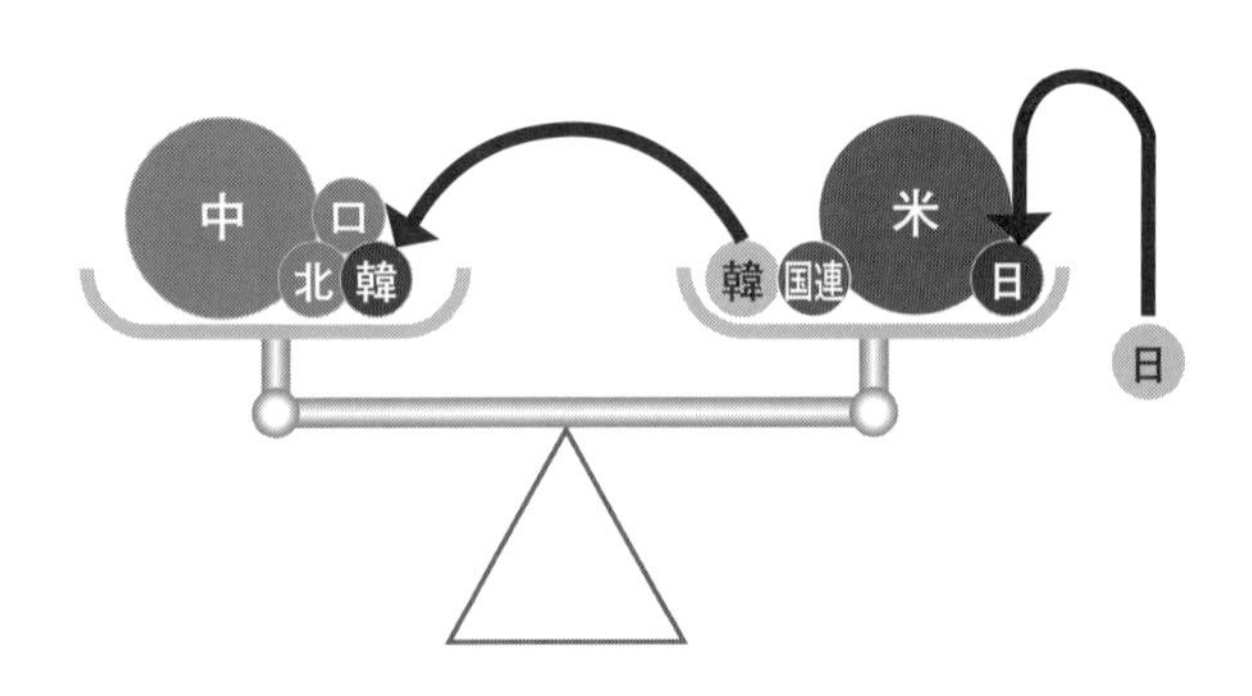

今後も「中国の台頭と米国の凋落」傾向が続けば、朴前政権のみならず後継政権も親中国外交政策を継続・強化する可能性がある。そうなれば、朝鮮半島の軍事バランスは第12図に示すように、韓国が大陸勢力側に移動し、北東アジアにおいては従来の「韓国対北朝鮮」という切り口（対立軸）から「『大陸勢力』対『海洋勢力』」という構図に変わる可能性がある。大陸勢力の中の韓国と北朝鮮はいわば呉越同舟の関係だが、中国の完全支配下に封じ込められ、「傀儡国家として事実上の統一」を果たすかもしれない。また特記すべきは、日本は海洋勢力側の一員として本格的にバランサーに加わるとともに、大陸勢力と対峙する海洋勢力側の最前線に立つことになる。日本はこのことを銘記すべきであろう。

韓国をめぐる米中の綱引き

朝鮮半島の地政学第2則に関連して、韓国をめぐる米中の綱引きの経緯について振り返りたい。朝鮮半島の地政学第2則の原則通り、朴前政権誕生後、米国と中国は以下述べるように、韓国をめぐり激しい外交戦を展開した。

第一は、米韓合同訓練に関する綱引きである。中国政府は外交チャネルを通じて朴前政権に米韓合同訓練の反対を伝達したが、米韓は予定通り実施した。なお、これについては中朝両国が〝合作〟し、韓国内に浸透している親北勢力が中国・北朝鮮と呼応しながら反対運動に奔走していたようだ。

第二は、CICA（アジア信頼醸成措置会議）をめぐる米中の葛藤である。中国はこれをアジアから米国を締め出す外交上の場として活用している。韓国はなんとその正規加盟国である。韓国は2014年のCICA上海会議には正式会員として参加した上、朴前大統領が習主席に「会議成功のお祝い」まで言上した。しかし、同会議で採択された反米宣言への「支持」については踏み止まった。

第三は、在韓米軍へのTHAAD（終末高高度防衛ミサイル）配備問題である。THAADシステムに含まれるXバンドレーダーにより中国全体が「隅々まで見渡せる」状態になるため、中国としては絶対反対の立場。一方、韓国は北朝鮮の核ミサイルの脅威下で、それに対する抑止力を在韓米軍に頼っている手前、米国のTHAAD配備に「NO」とも言えず、米中間の板ばさみ状態に今も苦しんでいる。米韓が、昨年THAADを韓国に配備することを決定したことに対し、中国はその報復として、様々な形の「韓国叩き」を行なっている。

第四は、日韓秘密軍事情報保護協定（GSOMIA）である。これは、日本と韓国との間で秘密軍事情報を提供し合う際、第三国（中国を念頭）への漏洩を防ぐための協定である。

２０１２年６月に締結される予定であったが、韓国側が締結予定時刻の１時間前になってドタキャンした。ドタキャンの理由は、中国からの圧力によるものである。中国は朝鮮半島有事における日米韓の軍事的な協力体制強化を阻止し、まずは韓国をこの協力体制から切り離すことを目標に策謀している。この協定は日本が得た北朝鮮の軍事情報などを韓国がタダで入手できることから、本来は韓国にとって「有難い」はず。結局、韓国は、ドタキャン後４年以上も迷った挙句に、朴大統領の「崔順実ゲート事件」発覚（16年10月）直後の２０１６年11月になってようやく締結に応じた。中国のブラフが韓国に有効に作用している証左だろう。

第五は、ＡＩＩＢ（アジアインフラ投資銀行）への加盟問題である。中国は、軍事分野のみならず、経済・金融面においても米国主導の国際体制に挑戦しようとしている。すなわち中国はＡＩＩＢ設立をテコに、戦後確立された米国主導の国際金融体制に揺さぶりをかけようとしている。韓国は、米国の反対で２０１４年７月の中韓首脳会談では参加表明を見送ったものの、英国などの参加を見て、２０１５年３月に正式に参加表明するに及んだ。

第六は、２０１５年に中国が主催した抗日戦勝70周年記念式典への朴大統領の参加である。韓国民の反日世論が追い風となり、歴史問題では〝中韓共同戦線〟の構築が容易である。記念式典直前に行なわれた韓国の世論調査では51・８％が「出席すべきだ」と回答し、

「出席すべきでない」は20・6％だった。加えて中国はメディアを使い、朴大統領に圧力をかけた。中国共産党の機関紙「人民日報」の国際版である環球時報は論説で、「もし朴大統領が（米国の不参加を求める）圧力に屈するなら、大統領は韓国の自主性を抑制する先例を作ることになる。このような状況がひとたび作り出されれば、韓国は将来、損害を被るだろう」と恫喝した。

結局、朴大統領は同記念式典に出席した。軍事パレードを見る天安門城楼で朴大統領はカザフスタンのナザルバエフ大統領やウズベキスタンのカリモフ大統領などの独裁者と同席し、欧米などからは奇異の目で見られた。中国は韓国を取り込むため最大の厚遇振りを演出した。軍事パレードでは北朝鮮代表が末席にあったのに比べ朴大統領はプーチンの右隣に据えたほか、中韓トップだけの昼食会まで実施した。

第七は、中国の南シナ海埋め立て問題である。２０１５年10月の米韓首脳会談では、オバマ大統領は南シナ海問題を念頭に、「中国が国際規範に違反した場合は、共に声を上げることを期待する」と要請し、韓国にも対中牽制で役割を果たすよう強く求めた。これに対し朴大統領は、米側の要請について語ることはなく、事実上、黙殺した。

中国は欧州に向けて陸路や海路でインフラ整備を進める「新シルクロード（一帯一路）構想」のみならず、太平洋正面にも勢力圏を拡張しようとしている。その脈絡から北東アジア正面においては朴前政権に引き続き、次期政権に対しても取り込みを継続するだろう。

韓国が中国の支配圏に下るシナリオは次の二つだろう。第一は韓国の次期政権が引き続き〝離米従中〟を加速させる場合、第二は韓国の〝二股外交〟に失望したトランプ政権が怒って韓国から在韓米軍を撤退し、いわゆる〝アチソン・ライン〟に米国の防衛線を後退させる場合が考えられる。

いずれの場合も、わが国は韓国というバッファーゾーンを失い、中国の脅威に直面する事態となることを肝銘すべきだ。

北朝鮮が崩壊すればどうなるか

朝鮮半島の地政学第2則に関連して、朝鮮半島が大混乱に陥るシナリオ――北朝鮮の崩壊事態――について分析してみよう。

２０１６年1月22日付朝鮮日報紙は、「韓国陸軍は、昨年9月、金正恩体制崩壊時に、北朝鮮を占領し安定化する作戦の図上演習を初めて実施した」と報じた。この作戦には、現役・予備役からなる約10個師団を投入する計画だという。

韓国が今頃になって、政治的にデリケートな演習を実施・公表したのは、なぜだろうか。2015年、北朝鮮では100年ぶりの干ばつで大きな被害が発生した。韓国の民間研究所は、「北朝鮮は、食糧の最低必要量540万トンに対し、2016年も100万トンが不足」と見積もった。食料不足によって、正恩への忠誠心が国内で薄れつつあるという。

正恩は就任から6年目を迎えるが、政権基盤はいまだ固まってはいないようだ。クーデターを恐れるあまり軍高官を次々に粛清するなど、恐怖政治を敷いている。このため政権中枢部からの亡命者が激増しているといわれる。北朝鮮の崩壊は飢餓に苦しむ人民の暴動がエスカレートし、軍がそれに呼応する場合や、正恩暗殺が引き金となって起こるシナリオなどが想定される。マレーシアにおける兄の金正男暗殺も、正恩が、予防的措置として実行したものだろう。

内部崩壊の場合、食料と身の安全を求め、韓国はもとより中国や日本にも夥しい数の難民が逃れて来るだろう。

北朝鮮崩壊時、韓国としては「賄いきれないほどの莫大な南北統一のコストがかかる」ことは承知しつつも、軍を投入し、北朝鮮占領を目指すだろう。米国は、嫌々ながらも韓国を支援せざるを得ない立場だ。

中国は北朝鮮という緩衝地帯が消失することを恐れ、機を失せず軍を投入して北朝鮮を占領し、親中傀儡政権——暗殺された金正男の長男金漢率（ハンソル）や金正日の異母弟の金平一（ピョンイル）（駐チェコ大使）を首班とすることが考えられる——の樹立を目指すだろう。中国は経済インフラ整備支援という名目で中朝国境の鴨緑江や豆満江の橋梁を補修・強化しているが、これは北朝鮮崩壊時に迅速に軍を投入するための準備と見ることもできよう。

このように北朝鮮が崩壊すれば、米軍と中国軍が衝突する恐れがあり、最悪の場合は第二次朝鮮戦争にエスカレートする可能性も否定できない。北朝鮮崩壊後に起こる二つのシナリオとはこうだ。

①第一のシナリオ：韓国が北朝鮮を吸収統一する場合

米国としては朝鮮半島全土に米軍を駐留させ、鴨緑江や豆満江の線までその影響下に入れることを望むだろうが、それは中国が絶対に容認しない。米国の次の選択肢は「統一朝鮮」（仮称）内の旧韓国領にだけ米軍を駐留させる案を目指すかもしれない。中国はそれも反対することは必至だ。結局は、中国も米国も一切朝鮮半島には軍を駐留させない「中立『統一朝鮮』」という妥協案に落ち着くかもしれない。しかし、朝鮮半島から在韓米軍がいなくなれば、地政学から見て「統一朝鮮」に対する影響力は朝鮮半島に陸接する中国のほうが米国よりもはるかに強くなるだろう。

②第二のシナリオ：中国が北朝鮮を軍事占領する場合

前述のように中国は北朝鮮崩壊の機を失せず、人民解放軍を投入して北朝鮮を占領し、正恩政権に代えて、親中傀儡政権の樹立を目指すものと思われる。中国は、いずれにせよ、新たに「北朝鮮駐留中国人民解放軍」という既成事実を作り上げ、それを梃子に対米・韓交渉を行なうシナリオが考えられる。中国は交渉の席で「中国は『新北朝鮮』から『北朝鮮駐留中国人民解放軍』を撤退するから、米国も在韓米軍を撤退せよ」と迫ることだろう。

核拡散防止の見地から、米国にとって、北朝鮮崩壊時の最優先課題の一つは、北朝鮮の核・ミサイルの処理だろう。米国は北朝鮮の崩壊に際しては、沖縄の第三海兵遠征隊を迅速に投入し、核兵器はもとより原材料、施設、技術・技術者など一切のものを米国のコントロール下に置くことを追求するだろう。海兵隊はオスプレーなどでヨンビョンなどの核関連施設地区に進出するだろう。このために、米空・海軍航空戦力により北朝鮮の防空兵器を制圧し、北朝鮮地上軍の抵抗を排除するのは言うまでもない。もちろん中国、韓国も北朝鮮の核・ミサイルを自己の支配下に収めたいと思うのは当然で、米国と三つ巴の抗争が予想される。

核戦力では中国よりも勝っているロシアの動向も見逃せない。閔妃暗殺の時代からロシアは朝鮮半島に対し満々たる野心を有しており、朝鮮半島動乱時には軍事作戦も含め、機敏にコミットするはずだ。

こうなると北朝鮮崩壊は、日本にとっても「対岸の火事」ではすまされない。事態は、第二次朝鮮戦争にエスカレートする恐れがあり、わが国としても最悪のシナリオを想定して対応しなければならない。朝鮮半島有事において米軍は、在日米軍基地はもとより民間空港・港湾を使用するなど、日本は全面的に朝鮮半島の争乱に巻き込まれる。また、大量の難民（武装ゲリラ含む）流入対処、北朝鮮による大量破壊兵器使用対処、邦人・拉致被害者の保護など課題・問題は際限がない。

米韓軍事関係の真実

ここで私が防衛駐在官時代に見聞した米韓軍事関係のエピソードを紹介したい。

在韓米軍のジョーンズ陸軍大佐（仮名）が私に「We are watching Korea every minute.（われわれ米国は韓国を分刻みで監視しているよ）」と囁いた。この言葉を聞いた瞬間、私は米韓軍事関係の本質が分かったような気がした。国益が一致しない韓国は、常に米国を出し抜こうとしているのだ。米韓間の葛藤の具体例を紹介したい。

イギリス武官のリチャード大佐（仮名）がこっそり私に教えてくれた。「米軍は韓国の陸軍大学に米軍人を入学させているが、それは将来、韓国軍をウオッチ（スパイ）する際に役に立つらしいよ。留学した米軍人は引き続きそのまま韓国に居残り、駐在武官補佐官、さらには駐在武官など情報関係の仕事に就く。韓国軍人のクラスメートたちに電話を掛け、自分が知りたい情報に関し質問をする。何十人もいるクラスメートに質問し、彼らから聞いた話を総合すれば知りたい情報が得られるというわけだよ。米国としては韓国の大量破壊兵器（核・化学・生物兵器）やミサイル開発はもとより、対中国・ロシア軍事関係などは大いに興味があることだろう。米国が何か〝好ましくない情報〟を摑むたびに米韓両国軍は水面下で『ヒソヒソ』とネゴシエーションしているようだよ。俺たち第三国に知られるとマズイことなのだろうね」

世界の常識ではこんなことは当たり前なのだろう。同盟関係とはいっても、所詮「同床異夢」なのだから。

米韓安保体制が日米安保体制と異なる特徴は韓国軍に対する有事の作戦統制権を米軍人（陸軍大将）――米韓連合軍司令官――が保持していることだ。あの異常にプライドの高い韓国人が自国軍の作戦統制権を米国軍人に委譲するとは異常なことである。

防衛駐在官時代、当時実施されていたチームスピリット演習などを何回も見る機会があったが、多数の韓国軍が共同演習の指揮官たる米国陸軍大将の作戦統制下に置かれていた。韓国防衛のための作戦を実施するとはいえ、米軍人指揮官の作戦統制を受けなければならないことは、韓国軍人にとって屈辱だろうと思った。

その時代に見聞した韓国軍人の対米感情の一端を紹介しよう。朝鮮戦争中、米軍は文字通りの「救国軍」であり、韓国人にとってもっとも親しく、頼もしい外国は米国だった。このような経緯から、米国に好意的な感情を持つ韓国人が多かった。

しかし、１９８０年の光州事件（民主化運動）を境に対米感情は変わり、様々な形の反米闘争が見られるようになった。この事件を鎮圧した韓国軍に移動許可を与えたのが作戦統制権を有する在韓米軍司令官（米韓連合軍司令官を兼務）である。被害者の立場から見れば、韓国の民主化運動を弾圧したことについて米軍は韓国政府・軍の共犯者だというわけだ。ある時、韓国国防部の幹部がこんなことを私に話してくれた。

「米国人は俺たち韓国人を人間以下だと思っているのではないか。最近、韓国の若い女性が米兵に暴行を受け殺された。米兵は、〝下腹部〟に傘を突き刺して逃走した。これは人間のすることではない。俺たち韓国人を人間以下に見ている証拠だ。奴らこそが、『チムスン（韓国語でケダモノの意味）』だ。韓国民が憤るのは当然だ」

私自身、米韓間の摩擦を内密に知る機会があった。着任２年目のある日、国防部の担当幹部から武官団長就任の打診があった。

「福山大領、武官団長になってくれないか。米国武官を団長にするのはダメだ。米国武官を団長にすると、韓国国防部の意向を無視して勝手に武官団を動かし、武官団の名を楯に韓国軍に不都合な様々な企画を強要する」

私はこの話を聞いて、韓国国防部の対米感情の一端をうかがい知るような気がした。

韓国では朝鮮戦争後、北朝鮮の脅威が極めて深刻で、その分、米国・在韓米軍の〝不条理・我侭〟を許容せざるを得ない状況に置かれていた。そのような理由で韓国民の鬱屈した反米感情は、日本のそれよりも強烈だという印象だった。

米韓関係は他人事ではない。日米安保条約でわが国の国防の大きな部分を米国に依存している日本も、韓国と同様に、米国・在日米軍との関係に悩んでいる。国防を他国に依存すれば、そのツケは様々な分野に及ぶのは当然なのだが。

第3則　朝鮮半島は大陸国家の中国とロシアの確執の地

朝鮮半島は第13図のように、中国とロシアに陸接している。半島で中ロ両国に同時に陸

第13図　二大大陸国家の確執の地

接する場所は北朝鮮の羅先特別市である。ちなみに、同市とロシアの境界付近には、日本軍とソ連軍が戦った張鼓峰事件（1938年）の戦跡がある。

中国と北朝鮮を隔てているのは鴨緑江と豆満江で、両江は中朝国境をまたいで聳える白頭山を水源とする。鴨緑江は西に流れて黄海に注ぎ、豆満江は東に流れて日本海に注ぐ。前者の長さは803㎞、後者は547㎞で、全長1000㎞以上の北朝鮮の国境が両大河で区画される。

朝鮮半島の地政学・第3則は、「半島は二大大陸国家『中ロ』の確執の地」というものである。それは朝鮮半島がロシアと中国に陸接していることに由来する。

中ロはなぜ朝鮮半島で衝突する宿命にあ

るのだろうか。それは、中ロいずれかが朝鮮半島を支配下に置けば、北東アジアにおける戦略態勢が圧倒的に有利になるからだ。ロシアが半島を支配下に置けば、中国の太平洋正面への進出が制約される。なぜなら中国の太平洋正面への進出の布石である第一・第二列島線の「東翼」は、朝鮮半島なのである。反対に、もし中国が半島を支配下に置けば、ロシアの極東・太平洋進出が制約されることになろう。

現在、ロシアと中国は仲良くしているように見えるが、実は戦略的には不倶戴天の関係で永遠のライバルなのである。現在、両国は「戦略的パートナーシップ」という関係にあるが、これは冷戦構造崩壊後、米国の一極支配に対抗する方便として結託しただけである。

冷戦時代、中ソは国境沿いに大兵力を展開して厳しく対立し、1969年にはウスリー（黒竜）江のダマンスキー（珍宝）島で軍事衝突した経緯がある。

中ロは国境以外にも、様々な場所で競合・対立する可能性を秘めている。2015年5月、プーチンはASEAN加盟全10カ国をソチに招待した。ロシアはベトナムのカムラン湾から撤退したとはいえ、依然インドシナに強い関心を持っているのだ。

中国は「一帯一路」政策を掲げ、現代版シルクロード――中国から中央アジアを経由して欧州につながる「シルクロード経済帯」（一帯）と、東南アジア、インド、アフリカ、中東を経て欧州に至る「21世紀海上シルクロード」（一路）――の構築を目指している。

この構想はいずれ、ロシアの国益と衝突するだろう。

近年、地球温暖化で氷が減り、北極海の通航の可能性が開けつつある。中国は欧州と貿易する場合、マラッカ海峡・スエズ運河経由よりも航路が約３割も短縮できる北極海航路の活用を目指すだろう。この航路は宗谷海峡と津軽海峡を通過するものであり、日中間で「尖閣問題」のような摩擦が生じるほか、オホーツク海周辺では中ロ間の軋轢が高まる可能性もある。

冷戦構造崩壊により国力の低下したロシアは朝鮮半島に対する影響力が衰え、代わって、中国の影響力が高まっている。前掲の「韓国をめぐる米中の綱引き」で述べたように、習近平は韓国の朴政権に対して、猛烈な外交・軍事的な攻勢を繰り返した。一方の朴大統領も、「二股外交」でこれに応じた。

しかしロシアも黙ってはいない。２０１１年の金正日の訪ロ時、メドベージェフ大統領はロシア・朝鮮半島ガス・パイプライン構想を提案した。この構想はガス・パイプラインを北朝鮮経由で韓国にまで延ばすというものだ。この提案はロシアが朝鮮半島に果てない野望を堅持している証左として注目される。

ただし地政学的・歴史的に見れば、朝鮮半島に対する影響力を及ぼす上で中国がロシアよりも有利である。なぜならモスクワ・ピョンヤン間の距離は約１万kmであるが、北京・

ピョンヤン間の距離は約1000㎞弱しかない。
また、中国は朝鮮半島の国家に対して、約2000年にわたる冊封の歴史を持っており、ロシアよりも文化的・心理的影響力が強いと思われる。

第4則　朝鮮半島は日本の脇腹に突き付けられた匕首(あいくち)

朝鮮半島の地政学・第4則は、「朝鮮半島は日本の脇腹に突き付けられた匕首」である。匕首とは短刀のこと。

第14図のように日本列島を人体と看做せば、朝鮮半島はその日本の脇腹に突き付けられた匕首のようなものである。この真意は朝鮮半島に存在する国家――南北朝鮮――が日本に脅威を及ぼすのではなく、半島が大陸国家（中ロ）の脅威を日本に運ぶ（伝える）通路・回廊の役割を果たす、という意味なのだ。

日本に朝鮮半島を経由して、大陸勢力の脅威が到来する様子は元寇を見れば分かりやすい。元寇とは日本の鎌倉時代中期に、当時大陸を支配していたモンゴル帝国とその属国である高麗王国――936年から1392年まで続いた朝鮮の統一王朝――によって2度にわたり行なわれた対日本本土侵攻の呼称である。第1回目の文永の役（1274年）では、

第14図　日本の脇腹に匕首（あいくち）

約３万～４万人の軍が約９００艘の軍船に乗って侵攻した。また、第2回目の弘安の役（１２８１年）では約14万～16万人が４４００艘の軍船に乗って来寇した。特に2度目の弘安の役で日本へ派遣された艦隊は、元寇以前では世界史上最大規模であったという。

そもそも高麗王国とて、モンゴル帝国の支配下に屈することを好むはずがない。現在、北朝鮮が中国の頸木から逃れようともがくのと同じだ。モンゴル皇帝クビライは高麗王国に臣従を迫ったが、拒否されたため、侵攻を開始した。高麗王国は30年近くも徹底抗戦したが、ついに支配下に組み込まれてしまった。

クビライは次に日本を服属させようと試

みたが外交交渉は失敗し、2度の日本侵攻（元寇）を行なった。このため高麗王国は前線基地として兵站補給と軍艦の建造を命令され、多大な負担を強いられた。

太平洋戦争後（南北朝鮮誕生以降）、日本はソ連と中国からの脅威に直面した。極東ソ連からの脅威が北海道に、また中国とソ連の脅威が朝鮮半島経由で北九州に向けられた。今日ではこれら二正面からの脅威に加え、中国の脅威が南西諸島方面から沖縄や南九州に向けられている。

第5則　朝鮮半島は〝手詰まりの地〟

旧約聖書『創世記』にカインとアベルという兄弟の話が登場する。兄弟は、神様が最初に創造されたアダムとイヴの息子たちだ。ある日、2人は各々の収穫物をイスラエルの神であるヤハウェに捧げた。農夫のカインは土地からの収穫物を、羊飼いのアベルは肥えた羊の初子を捧げたが、ヤハウェはアベルの供物に目をとどめたが、カインの供物は無視した。嫉妬にかられたカインは、野原にアベルを誘い出して殺害する。こうして2人は人類最初の殺人――兄弟殺し――の加害者と被害者となった。

南北朝鮮の厳しい対立を見るにつけ、私はこの話を思い出さずにはいられない。

１９９０年10月３日、東ドイツは西ドイツに吸収統一されたが、朝鮮半島にはいまだに冷戦構造の〝遺構〟が残る。

統一ができない朝鮮半島の状況を説明するキーワードが、〝手詰まりの地〟であろう。世界のスーパーパワーである米国でさえもまったく打つ手がないのだ。朝鮮半島は米国にとって〝手詰まりの地〟なのだ。そのことは中国、ロシアにとってもそうなのだ。もちろん韓国と北朝鮮にとっても、朝鮮半島の現状を変更することは絶望的に不可能なのだ。

〝手詰まりの地〟であることを示すエピソードを紹介しよう。それは１９９４年の〝第一次北朝鮮核危機〟の時のことだ。北朝鮮が核兵器を開発しているという疑惑が表面化し、同年６月13日に北朝鮮は核拡散防止条約（ＮＰＴ）脱退を宣言した。米朝間の緊張が高まり、戦争が勃発する可能性まで出てきた。クリントン政権は寧辺の核施設の攻撃を準備し、米海軍軍艦33隻、航空母艦２隻を近海に待機させた。カーター元大統領が６月15日にピョンヤンを訪問し、金日成と会談して、その後の米朝交渉の道筋をつけることにより幸いにも危機は回避された。

当事者だった金泳三大統領は回想録で、クリントン大統領との電話のやり取りを次のように書き残している。

「6月17日未明、電話をしてきたクリントン大統領を厳しく追及した。自分が大統領でいる限り韓半島を戦場にすることは絶対にダメだ。あなた方は飛行機で空襲すれば済むかもしれないが、北は即時、休戦ラインから南の主要都市を一斉に砲撃するだろう。戦争は絶対にダメです。自分は歴史と国民に対し罪を犯すわけにはいかない、と（以下略）」

なぜこの〝手詰まり〟は起こるのか。簡単に言えば、冒頭紹介したアベルとカインに擬えられる韓国と北朝鮮の関係に起因する。金泳三回想録にあるように米国が北朝鮮を攻撃しようとすれば、北朝鮮はいわば〝兄弟〟に相当する韓国を〝人質〟にして、米軍の攻撃を阻止するからだ。

第3表をご覧いただきたい。北朝鮮は核・ミサイルを開発する以前には、軍事境界線（38度線）近くに配備した長射程火砲や多連装ロケットで1000万人近いソウル市民（韓国の人口約5000万人の25％）を人質にしていた。軍事境界線からソウルからまでは中心部でも30㎞、周辺部では20㎞以下。ソウル全域が夥しい数の長射程火砲や多連装ロケットの射程に入るのだ。

この火力は今も増強されつつある。韓国の聯合ニュース（16年4月24日）によれば、北

第3表　北朝鮮による米国の攻撃抑止策

	核・ミサイル開発前	核・ミサイル開発後
手段	・通常戦力 （長射程火砲、多連装ロケット等）	・通常戦力 ・核・ミサイル
人質	・韓国民 （1000万余が非武装地帯から約40㎞の首都ソウルに集中）	・韓国民 ・日本国民（在日米軍含む） ・米国民（グアム・ハワイなど）

朝鮮は新たに軍事境界線の北側に新型の多連装ロケット砲約３００基を配備したという。この新型ロケット砲は口径１２２㎜で射程は約40㎞。１基あたり30～40個の発射管を備えており、もし北朝鮮の開城（ケソン）市付近から全基が一斉射撃を行えば１万発ほどのロケット砲弾がソウル市民の頭上に同時に降り注ぐことになるという。

話はこれだけで終らない。北朝鮮の金正恩は権力継承後、核実験を行ない、狂ったように核・ミサイル開発を加速している。真偽は分からないが、4度目の核実験では水爆の実験に成功したと発表した。いずれにせよ、このまま北朝鮮の核・ミサイル開発が〝野放し状態〟で継続すれば、韓国民はもとより日本国民やハワイやグアムの米国民まで もが〝人質〟になってしまうのだ。朝鮮半島は、ますます〝手詰まりの地〟状態が深化してしまう。

米国が北朝鮮の核・ミサイル開発を放置すれば、やがて韓国や台湾までもが核ミサイル開発に乗り出すだろう。そうなれば、米ソ中などの核保有国の〝独善〟がまかり通ってきた、核兵器不拡散条約（NPT）体制は実質的に空洞化・崩壊に向かうのは必定だ。日本国民よ、さあ、どうする？

第6則　朝鮮半島は「遠交近攻策」適用の地

「遠交近攻策」とは、中国の兵法書『兵法三十六計』中の兵法の一つである。その意味は、「遠い国と友好関係を維持し、その間にある近い国を攻める」という策である。

この策が編み出された経緯はこうだ。晋が韓・魏・趙の三国に分裂以降、秦による中国統一がなされるまでの中国の戦国時代、諸国は絶えず戦争を続けていた。秦が中国を統一する原動力となったのが范雎（はんしょ）という軍師である。

范雎は秦に仕え、昭襄（しょうじょう）王に対して「遠交近攻策」を進言した。昭襄王はこれに基づいて遠い斉や楚と同盟し、近い韓、魏、趙を攻めた。これにより秦は膨張を続け、やがて周辺六カ国（韓、魏、趙、燕、楚、斉）を平定して中国大陸の統一を成し遂げたのである。

韓国を海洋国家の米国が支援し、北朝鮮を大陸国家の中ロが支援するという構図においては、「遠交近攻策」が活用されやすい態勢にある。以下、具体的に関係各国の「策」を瞥見しよう。

韓国は中国とソ連との国交正常化まで「北方外交」と称して、中ソとの外交努力を積み重ねた。北方外交が実を結んだのは、冷戦崩壊後だった。ソ連の崩壊で朝鮮半島（南北朝鮮）に対する中国の影響力が一段と強くなった。

韓国としては、中国との国交を活用し北朝鮮を背後から牽制する「遠交近攻策」を期待したが、歴史・地政学的背景から皮肉にも韓国はむしろ中国の影響下に取り込まれる傾向にある。

中ソと韓国の国交正常化は中ソ両国を後ろ盾として、金日成の存命中に韓国を武力統一しようとしていた北朝鮮にとって、その戦略の前提を完全に覆される重大事態だった。それどころか、北朝鮮自体の体制維持すらも危うくなった。北朝鮮はその反省として、中ロに頼らない軍事政策――核ミサイル開発の推進――に踏み切った。

北朝鮮としての「遠交近攻策」は、米国・日本との「交わり」である。軍事的挑発や核ミサイル実験は「米国よ、オレのほうを振り向いてくれ」という悲痛な叫びでもあるのだ。

北朝鮮は、「北朝鮮による米韓恫喝を梃子に利用して、韓国に接近する」中国の「遠交近攻策」を苦々しく思っているはずだ。金正恩は〝家督相続〟以来、いまだに中国に〝朝貢〟していない。このことからも、中国に対する正恩の不満がうかがえる。

中国の「遠交近攻策」は、韓国との外交関係を改善することにより、北朝鮮を意のままにコントロールすることである。ただし中国の「遠交近攻策」は大変〝欲張り〟で、「北朝鮮をコントロールすることに加えて韓国をもその支配下に入れ、朝鮮半島全体を影響下に組み込む」ことを狙っているようだ。中国の「遠交近攻策」はさらに強かで韓国への外交攻勢を通じ、「日韓分断と米韓分断（在韓米軍の撤退）」までも追求しているように見える。ただし、前述のように「金正恩が拗ねる」という〝副作用〟に困惑している様子が注目される。

米国が韓国をターゲットに置く場合の「遠交近攻策」の対象は、北朝鮮である。米朝は様々なチャネルを活用して水面下で活発に接触しているのは事実だろう。ちなみに北朝鮮は国連加盟（1991年）後、ニューヨークに国連本部駐在代表部を置き、現在11人の職員（全部男性）を派遣している。

また、米国が北朝鮮をターゲットに置く場合の「遠交近攻策」の対象は中国とロシアである。ただ中ロは米国の「遠交近攻策」に応じてくれないのが現状だ。そのことは北朝鮮の核・ミサイル実験のたびに、国連の安全保障理事会において、北朝鮮に対する制裁強化決議が〝流産〟する事態を見れば頷ける。

現在の日本にとって、韓国をターゲットとする「遠交近攻策」の対象国は、北朝鮮だろう。従軍慰安婦問題を「最終的かつ不可逆的に解決されることを確認した」とする日韓の合意以降少しトーンダウンしたように見えるものの、朴前大統領の反日路線は執拗だった。韓国の反日を抑制する〝手〟として、日朝関係を改善する方法がある。ただし日朝関係の改善には、日本人拉致や核・ミサイル開発問題があり、限界があるのは当然だ。いずれにせよ、南北統一が日本にとってよいのかどうか、真剣に考える必要があろう。

第7則　朝鮮半島は海・空戦力が発揮しやすい地

朝鮮戦争においては、航空攻撃、艦砲射撃、上陸作戦など海・空軍が地上作戦に連携して活躍する場面が多かった。

航空攻撃は、板付、芦屋、築城など15カ所の在日米空軍基地――九州の基地が主体――から発進した爆撃機、戦闘機によるものであった。朝鮮半島への米軍機の出撃回数は、空軍が72万９８０回、海兵隊航空部隊が10万７３０３回、海軍が47万６０００回。その爆弾投下量は空軍が47万６０００トン、海兵隊・海軍で22万トン――その合計は広島型原爆（15キロトン）の約50発分に相当――に達しており、陸上作戦の支援、制空権の掌握など朝鮮戦争の帰趨に大きな力を発揮した。

艦砲射撃は1950年6月28日、すなわち朝鮮戦争勃発3日後の海空軍の投入決定に伴い、在日米海軍部隊の巡洋艦ジュノーおよびイギリス駆逐艦3隻が朝鮮半島東岸に進出し、29日から半島東部沿岸を南下する北朝鮮の補給路に対する艦砲射撃を開始した。また、再就役した米海軍戦艦アイオワは1952年4月8日から10月16日まで朝鮮半島東海岸沖で活動し、城津、興南、高城への艦砲射撃で地上部隊を支援した。当時、韓国陸軍参謀総長としてこの艦砲射撃の様子を視察した白善燁元大将は、「50口径40・6cm砲 9門による艦砲射撃の迫力は凄まじかった」と私に話してくれた。

マッカーサーは米海空軍の支援下に、米第1海兵師団および米陸軍第7歩兵師団、さらに韓国軍の一部からなる約7万人をソウル近郊の仁川に上陸させる仁川上陸作戦に成功した。

このように中ソと陸接する国境正面を除き、三面海に囲まれている朝鮮半島は、海軍・空軍・海兵隊が戦力を発揮しやすい地勢となっている。世界でも圧倒的に優勢な米海空軍は、制海空権確保のもと、在日米軍基地（飛行場）と空母を含む艦船をプラットホームとして、戦闘機・爆撃機・ミサイルなどを用いて、朝鮮半島内のターゲットを効果的に打撃できる。

第15図　日本列島と朝鮮半島の位置関係――トーゴー・ターン

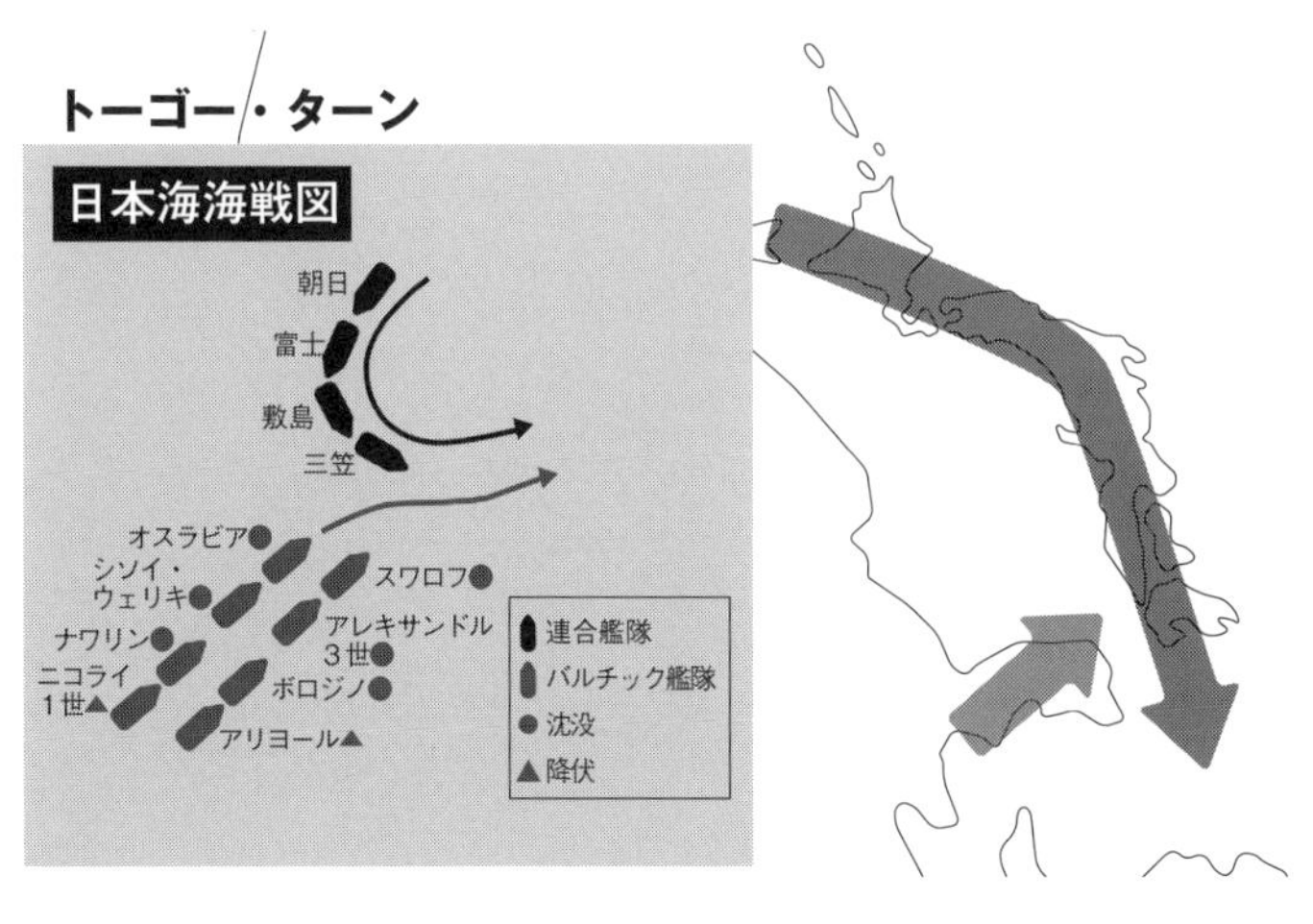

日本列島と朝鮮半島の位置関係は、第15図のように、日本海海戦において、ロシアのバルチック艦隊（朝鮮半島に相当）の行く手をさえぎった――「敵前大回頭」（トーゴー・ターン）と呼ばれる――と日本の連合艦隊（日本列島に相当）の位置関係に似ている。日本の連合艦隊が横隊に展開すれば、全艦すべての砲門を右方向に向け、敵艦に集中・指向できる態勢が完成する。

日本列島と朝鮮半島がこのような位置関係にあることから、日本列島に展開する在日米軍基地は南東に延びる朝鮮半島を包囲する形になっている。日本列島に展開する在日米軍基地から発進した米軍の戦闘機や爆撃機は、日本の連合艦隊がバルチック艦隊に効果的に砲撃を加えたように、朝鮮半島に存在する各種ターゲットを有効に打撃できる。

米国と韓国は数種類の米韓連合作戦計画を持っている。90年代初めの「第一次核危機」の際、寧辺の核施設などを精密誘導弾でピンポイント爆撃する「作戦計画5026」が立案された。しかし限定空爆とはいえ、北朝鮮の対応によっては全面戦争にエスカレートする可能性がある。

それゆえ本格的な戦争が勃発した場合は、これを「北朝鮮吸収統一」の機会と捉え、米韓連合軍の積極的攻勢によって北朝鮮を占領し、南北統一を果たす「作戦計画5027」が策定された。

また、1999年には、北朝鮮がクーデターなどで崩壊した場合など「北朝鮮の内部混乱」を「戦時」とみなし、軍事介入することを想定した「作戦計画5029」が策定された。

さらに2003年半ばには、「受身」の韓国防衛から北朝鮮崩壊を積極的に促進する「作戦計画5030」を策定した。「作戦計画5030」は北朝鮮の限られた軍事資源を枯渇させ、金正日に対する軍事クーデターなどを誘発させることや金正日の「除去」につながる雰囲気を醸成させることを目的としており、「撹乱工作作戦」と呼ぶべきものである。

上記作戦計画のうち、「作戦計画５０３０」を除く他の三つの計画では、米軍と韓国軍の役割分担が明確だ。米軍は「海空戦力を主体として、航空機やミサイルなどで北朝鮮軍を打撃」し、韓国軍は「地上作戦を担当する」――という役割区分のようだ。

私の韓国防衛駐在官時代に米軍将校たちは「俺たちにとって韓国軍と北朝鮮軍を識別するのは難しい。顔も言葉も同じだ。制服が違えば分かるが、北朝鮮が韓国軍の軍服を着たらお手上げだ」と本音を漏らした。

韓国では朴前政権になって、反日の姿勢が強くなった。しかし上記のように、米軍の海空戦力が発揮しやすい朝鮮半島では、在日米軍基地を含む日本の支援基盤抜きに韓国の国防は成り立たない。韓国の反日メンタリティは理解できないこともないが、韓国の安全と繁栄にとって、日本の支援・協力が不可欠であることを韓国は改めて思い知るべきだ。

第８則　朝鮮半島は大国による分割統治戦略が適用しやすい地

戦国大名・毛利元就は、３人の息子（毛利隆元・吉川元春・小早川隆景）に「１本の矢では簡単に折れるが、３本纏（まと）めると容易に折れない。３人共々がよく結束して毛利家を守って欲しい」と諭したといわれる。

この史例を示すまでもなく、力は分散・分裂すると弱く、糾合すると強くなる。この原理を応用した戦略が分割統治戦略なのである。この戦略は、古代ローマ帝国がイタリア半島の被征服都市を統治した方式がその原型だといわれる。分割統治戦略の二つの施策は、「都市間に格差を設けること」と「都市間の関係は認めないこと」であった。

「都市間に格差を設ける」のは共通の利害を持たせないための工夫であり、「都市間の関係は認めない」のは、都市相互間を分裂させる目的からだった。この二つの施策により多くの服属都市が一致団結して、古代ローマ帝国に反抗することができなくなったという。

ちなみに19世紀以降の欧米の植民地経営では、この原理がよく応用された。

英国はインド植民地支配を推し進めたが、次第に民族的な自覚が高まる中で、ヒンドゥー教徒とイスラム教徒の宗教対立を利用して、分割統治戦略を行なうようになった。その典型的な例がベンガル分割令であった。

1905年、インド総督カーゾンはベンガル州を東（東ベンガルとアッサム地方）と西（ベンガル本州とビハール・オリッサ地方）に分割するベンガル分割令を施行した。表向きの理由は人口8000万に及ぶベンガル地方を二分して、行政の実をあげるということだったが、実はこれによってイスラム教徒の多数を占める東とヒンドゥー教徒が多い西とを分離させ、反英闘争を分裂させることを狙ったのである。

戦後、日本の「五十五年体制」において、「自民党（保守）と社会党（左翼）が対立する枠組み」を構築したのも、米国による分割統治戦略だったのかもしれない。

南北朝鮮の誕生は、米ソ両軍が北緯38度線を境界として攻撃・占領しようという、軍事作戦上の妥協に起因するものだ。いずれにせよ、半島に「民族を分断した二つの国家」が成立すると、米中ロ、日本にとって、半島に対して分割統治戦略を適用する余地が生まれた。もし戦後、「統一朝鮮国（仮称）」が誕生していたら、米中ロにとっては、「統一朝鮮国」は、極めて制御しにくい国家になっていたことだろう。全朝鮮民族のパワーを糾合する「統一朝鮮国」が同盟国であっても、敵対国であったとしても周辺国にとっては、中々〝扱いにくい国〟であったに違いない。米中ロにとっては、半島が南北に分断されているからこそ、「その弱みに付け込める」のだ。このようなやり方は分割統治戦略に基づくものに他ならない。南北朝鮮が分断されているからこそ、米中ロは朝鮮半島をバッファーゾーンとして活用できるのだ。

本稿で書くことは、慎まなければならないことかもしれない。しかし敢えて現実の認識を書こうと思う。日本も自らの安全を保障するためには朝鮮半島に対して、分割統治戦略を適用すべきなのである。

そのことを強く印象付けてくれたのが、他でもない朴前大統領だった。就任後、反日路線・政策をひた走った。それまで、〝同盟国同然の国〟と考えていた韓国が実は〝敵国〟となる恐れがあることをまざまざと見せつけた。朴前政権の反日政策を見て、日本は北朝鮮を存続させなければ、朝鮮半島はそれを回廊として活用する中ロの脅威のみならず、朝鮮半島の統一国家（韓国・北朝鮮統一国家）そのものの脅威が顕在化する恐れがあると、思い知らされるに至った。

第9則　朝鮮半島は中東・東南アジア・台湾情勢などと連動している地

1990年8月2日、イラク軍がクウェートに侵攻した。これに対し、国連は米軍を中心とした多国籍軍を編成し、翌年1月17日に反撃を開始した。これが「砂漠の嵐」作戦（第一次湾岸戦争）である。この作戦の発動前後、朝鮮半島は静かな緊張に包まれた。米軍が朝鮮半島以外の中東などで大規模な作戦を行なえば、その隙を狙って北朝鮮が韓国に侵攻する恐れが生ずる。実は朝鮮半島情勢は、第16図のように台湾・東南アジア・中東などの情勢と緊密にリンクしているのだ。

第16図　朝鮮半島と台湾・東南アジアなどとのリンケージ

当時、米国は基本戦略として朝鮮半島や中東など、世界の二正面で大規模な戦争を遂行して勝利できる兵力を維持・整備することを目標にしていた。しかし現実には、二正面で大規模戦争を遂行するのは事実上極めて困難と思われた。すなわち中東で戦争が勃発すれば、北朝鮮の侵攻に対しては、当初在韓米軍と韓国軍が主体で対応しなければならない場合も想定されたのだ。

米軍の大兵力がベトナム戦争や第一次湾岸作戦などのように、朝鮮半島以外の戦域で拘束されるたびに、北朝鮮は虎視眈々とその成り行きを見守り、「隙あらば韓国に侵攻するぞ！」と身構えていたに違いない。金日成は自分の存命中に韓国を「赤化統一」することを信条としていた。当時の健康状態や年齢を考えれば、金日成自身もそして軍部も「第一次湾岸戦争が祖国統一の最後のチャンスになるかもしれない」と思ったことだろう。

当然のことだが第一次湾岸戦争時、私は北朝鮮、中国および在韓米軍の動向に注目し情報収集をしていた。北朝鮮はヒッソリとしていた。だからこそ不気味だった。ライオンや虎などの肉食動物が鹿などの獲物に近づく時は、自分の気配を消して抜き足差し足で静かに、匍匐（ほふく）するように進む。北朝鮮軍が普段より動きが少なく、電波発射量も減り、ヒッソリとしているのはむしろ危険な兆候なのである。

第一次湾岸戦争の間、北朝鮮は終始、不気味な沈黙を守っていた。北朝鮮としては、「砂漠の嵐」作戦を奇貨として、南北統一のチャンスが訪れないか、固唾を呑んで見守っていたことだろう。

同様に韓国にとっても米軍の動向は気懸かりだ。特に在韓米軍を一部でも他正面に転用されれば、韓国の国防にとっては致命的なものとなりかねない。

ベトナム戦争時、米軍は在韓米軍の一部をベトナムに投入することまで検討したといわれる。その際、当時の朴正熙大統領は北朝鮮に誤ったシグナルを送り、韓国侵攻を誘発しないように、在韓米軍の代わりに韓国陸軍一個師団基幹をベトナムに投入することを決断した。

もちろん第一次湾岸戦争においても、盧泰愚大統領は同様な配慮から多国籍軍の一部として、医療支援団（１５４名）と、空軍輸送支援団（１６０名、C-１３０輸送機５機）をイラクに投入した。

当時、在韓米軍は、表面上は何も変わらなかった。しかし、実質的には相当な数の在韓米軍所属の軍人が個人単位で引き抜かれて、イラク正面に派遣されているという情報を聞いた。特に通信電子に関する軍事技術・技能を有するスペシャリストが引き抜かれたらしい。これが事実だとすれば、在韓米軍の組織は「虫食い状態」で空洞化した戦力組成の部分ができていたことだろう。

在韓米軍としても、特定ポストのキーマンを引き抜くことで一定のリスクが生じるのを覚悟の上だったのだろう。「虫食い状態」を容認したのは、米軍が北朝鮮の脅威について評価し、「一部の隊員を引き抜いても大丈夫」という判断を下したからにほかならない。

第一次湾岸戦争においてソウルで情報収集活動していた私は、朝鮮半島情勢が中東、東南アジアや台湾などほかの地域の情勢と緊密に連動していることを実感できた。

今日、半島からは遠隔地で起こっているウクライナ内戦、アフガン戦争、欧米とイスラム国との戦いなども、当然のことながら朝鮮半島情勢と緊密に連動しているのは間違いない事実である。

第10則　朝鮮半島は中国の「内線作戦」における一正面

第10則は「朝鮮半島は中国の『内線作戦』における一正面」というものだ。第10則は、米中対決という構図で中国の立場から朝鮮半島を見たものだが、反対にこれを米国の立場から見れば、「朝鮮半島は、米国の『外線作戦』における一正面」ともいえる。

「内線作戦」とは、第17図のように複数の軍部隊が同一の後方拠点（策源）と1本の鉄道や道路（後方連絡線・兵站線）で結ばれた状態で、外周から進撃して来る敵に対して行なう作戦のことをいう。「外線作戦」とは、それぞれ独自の後方連絡線で後方拠点（策源）と結ばれた二つ以上の軍の部隊が敵を挟み込む（包み込む）形に展開して作戦する状態をいう。

内線作戦と外線作戦はその利点、欠点が正反対である。

内線作戦の利点は、外周から2個以上に分離して侵攻する敵を兵力分離の弱点に乗じて各個撃破することである。各個撃破とは2個以上に分散している状態の敵の兵力を1個づつ別々に撃ち破ること。

内線作戦成功のためには、決戦正面（主作戦正面）に兵力を集中し、他の作戦正面（支

第17図　内線作戦と外線作戦

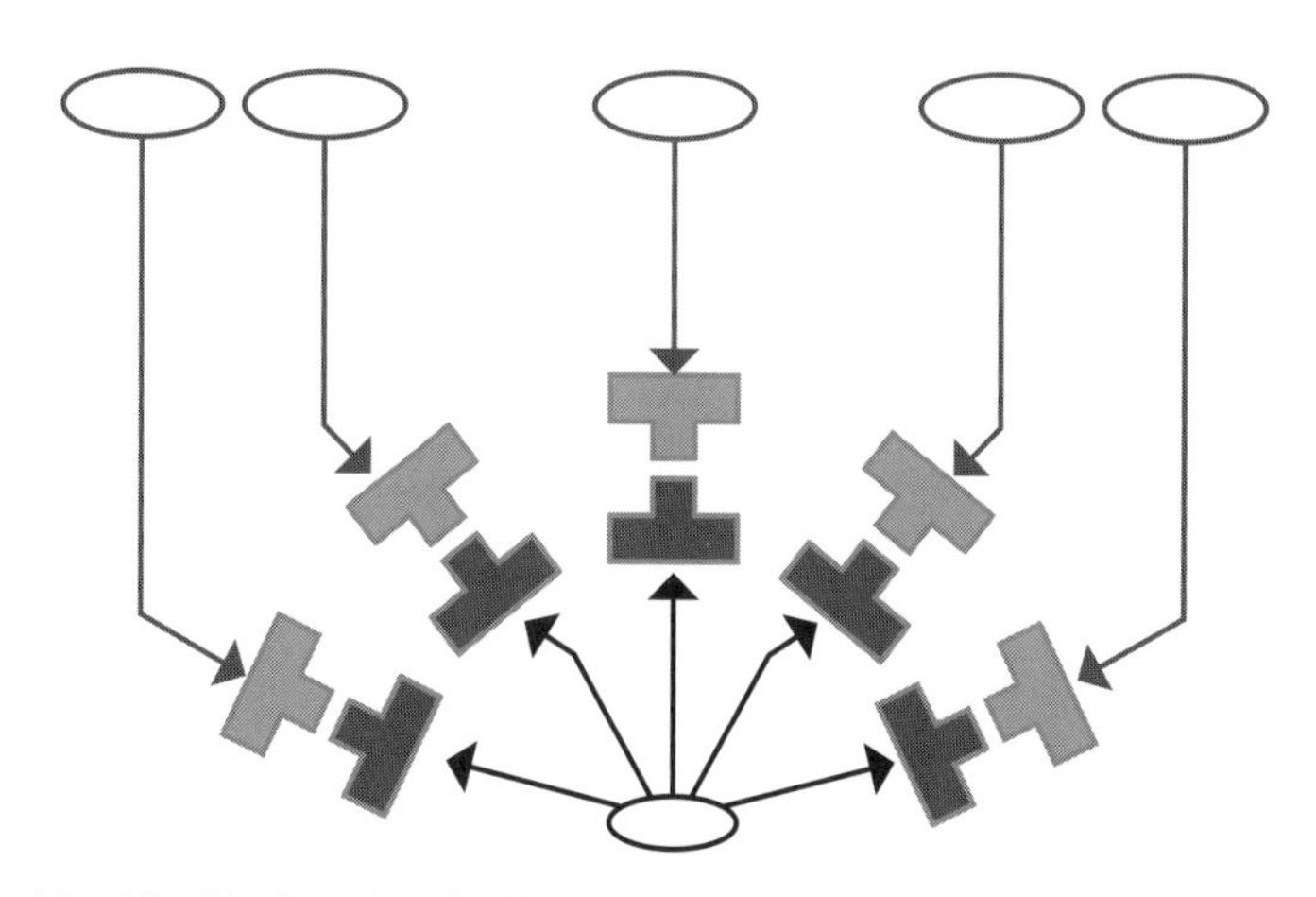

https://ja.wikipedia.org/wiki/%E3%83%95%E3%82%A1%E3%82%A4%E3%83%AB:Interior_and_exterior_lines_of_operations_01.svg

作戦正面）では兵力を最小限にした状態で、決戦正面で勝利するまで持ち堪える必要がある。また、決戦正面に迅速に戦力を集中するためには、鉄道や航空輸送など兵力を大移動できる手段が不可欠である。さらに敵に対して、決戦正面がどこであるのか秘匿し、偽偏すことも重要である。

一方、外線作戦の利点は、複数の作戦正面の関係性（連携）を活用しながら一つの正面で得られた成果を他の正面に影響させることにより、戦闘の主導権を握ることができることである。このことは、宮本武蔵の二刀流をイメージすれば分かりやすい。

第一次・二次世界大戦の経緯を見れ

フィリピン沖で展開するアメリカ第7艦隊　©US Navy

ば分かるように、ドイツは地政学的に内線作戦をやらざるを得ない立場にある。すなわちドイツは周囲をフランス、英国、ロシア（ソ連）などの諸外国から取り囲まれており、これらの国を敵に回せば内線作戦を行わざるを得ない。

一方、米国がユーラシア大陸の国家——例えばドイツ——と戦争をする場合は、太平洋・大西洋・地中海・インド洋などを越えて戦力を四方八方から投射できる立場にあり、ドイツの外周から外線作戦を行なうことができた。このように内・外線作戦は、関係国の地理的な相対的位置関係「地政学」により決まる。

このようなわけで、もし米中が激突する場合は、米国は外線作戦を、中国は内線作戦を行なうことになる。

米中が衝突する戦域はどこだろうか。一般論として言えば、中国・極東ロシア国境正面、朝鮮半島正面、東シナ海正面、台湾正面、南シナ海正面、インドシナ半島正面、ミャンマー正面、中印国境正面、アフガニスタン・タジキスタン・キルギス・カザフスタン正面、モンゴル正面などが想定される。

このように朝鮮半島は米中激突の際の一つの戦域となり、米国としては外線作戦を、中国としては内線作戦を行なうことになる。朝鮮半島は朝鮮戦争以来、〝世界の火薬庫〟の筆頭に上げられる。第二次朝鮮戦争は、北朝鮮の核ミサイル開発などが引き金になる場合のほか、南シナ海や台湾など他の戦域における米中激突が波及するシナリオも考えられる。現在は、まさに〝世界の火薬庫〟につながれた導火線が第二次朝鮮戦争に向け着実に燃え進んでいる状態なのかもしれない。

いずれの場合も日本は、日米安保条約ゆえのみならず、地政学的理由から、自動的にこの大戦争に巻き込まれることになるのだ。われわれにその覚悟があるだろうか。

直前に迫った朝鮮有事

米中首脳会談直前の２０１７年４月５日、北朝鮮は弾道ミサイルを発射した。これには米中両国とも堪忍袋の緒が切れかかっているのではあるまいか。米国も中国も「野放しの核ミサイル開発」を許容できない点で、合意が形成されつつあるものと思われる。野放しの核ミサイル開発が続けば、いずれ習近平とトランプの頭上に核爆弾が落ちて来る恐れが出てくるだろう。中国の黙認（首脳会談の最重要秘密議題）のもと、金正恩個人を狙って殺害するシナリオが進行中と推測できる。その必要条件は正恩を排除することに目標を限定し、本格戦争にエスカレートさせない、ソウルを火の海にしないことである。この作戦を「米中合作」でやるというシナリオだ。「正恩除去作戦」の実行のタイミングは、二通りが考えられる。第一は韓国大統領不在の5月5日までの間。第二は、現在最も当選の可能性が高い反米・親中の文在寅が大統領就任（当選確定した時から即刻任期が開始）直後のタイミングである。

日本は関わりなし――という訳にはいかない。北朝鮮からミサイルの「飽和攻撃」が降り注ぎ、これまで潜伏していた北朝鮮ゲリラによる無差別市民テロが起こるかも知れない。また北朝鮮の核武装は韓国の核武装、さらに米中が絶対に許せない「日本の核武装」を誘発しかねない。現に自民党の安全保障調査会は、3月に北朝鮮によるミサイル攻撃などに備え、攻撃を受ける前に自衛のため敵基地を攻撃する能力――巡航ミサイルの保有など――について直ちに検討を始めるよう近く政府に提言することで一致したではないか。巡航ミサイルの弾頭としては、核弾頭がベスト。そしてプラットホームは、原潜であろう。

第4章

日本は「米中激突」という国難に何をすべきか

日本の地政学

地政学的に見れば、日本は米国、中国、ロシアという巨峰――国際政治の構造的特徴を表す政治用語では「極（pole）」と呼ばれる――の谷間に咲く〝ひ弱な山桜〟にたとえるのが適切だろう。〝ひ弱な〟という形容は、カーター政権時の国家安全保障問題担当大統領補佐官を務めたズビグネフ・ブレジンスキー氏の著書『ひよわな花・日本―日本大国論批判』（サイマル出版会）に倣ったものだ。

日本は島国であるゆえに周辺の海洋がバッファーゾーンとなり外敵を寄せつけず、近世までは極めて安全な国であった。しかし蒸気船、さらには内燃機関装備の艦船、航空機、ミサイルなどの出現により、海洋が持つバッファーゾーンとしての効用は失われた。

日本はその占める地理上の位置と保有する資産――豊かな富、素晴らしいインフラ、優秀な人材、高度な技術など――があるために、米中ロがなんとしても自国の支配下に置きたい国である。日本の地理的な位置は、米中ロにとって、アジア・太平洋の覇権を争う上で〝天王山〟の価値を有する。すなわち米国が数千㎞の太平洋を越えて中国とロシアに対抗するためには、日本は不可欠の戦略的な要地なのだ。日本は、中東有事に機を失せず米

第18図　日本の地政学

米中露の谷間に咲くひ弱な山桜

軍を投入する際のプラットフォーム（投射のための基地）ともなり得る。

日本列島は台湾、フィリピン、ボルネオ島――第一列島線――と連接して、ユーラシア大陸の東岸を包囲・封鎖するような形になっている。このために中国とロシアにとって、日本は、太平洋進出を阻む〝垣根〟にもなるし、逆に〝跳び箱の踏み台〟にもなる。近年、太平洋進出を目ざす中国にとって、日本は喉から手が出るほど欲しい国である。

日本は国土の広さ、資源、人口などの制約から、逆立ちをしても米中ロ三国と軍事的に対抗することは不可能である。したがって日本の安全保障を考えれば、米中ロいずれかの国と同盟を結ぶというのが常識的判断だろう。

米中ロの戦略的な組み合わせは、以下の五

つのケースが考えられる。

・ケース1：米中ロ相互対立
・ケース2：米中ロ相互親和
・ケース3：米中親和、ロシア孤立
・ケース4：中ロ親和、米国孤立
・ケース5：米ロ親和、中国孤立

現在は、「ケース4：中ロ親和、米国孤立」の状態で米国に対抗して中ロが戦略的パートナーシップを組んでいる。しかし「万物は流転する」——ヘラクレイトス——という、箴言に漏れず、その組み合わせが将来どのように変わるのか分からない。日本は受動的に、その時代に出現した米中ロの組み合わせの中で〝生き残り〟を図らなければならない宿命を抱えているのだ。日本は、敗戦により、選択の余地もなく、〝鬼畜〟と悪罵した米国の占領下に入ったのを契機に、今日に至っている。

ちなみにトランプは台頭著しい中国を抑えるために、米ロ接近を模索しているようだ。これは、かつてニクソン大統領がベトナム戦争からの「名誉ある撤退」を実現するために、北ベトナムの後ろ盾となっているソ連が中国と対立関係にあることを最大限に利用しようと考え、中国に接近を図ったやり方に似ている。

米ロ接近が実現すれば、アジアにおける米中の戦略バランスは大きく変わる可能性がある。しかし副作用として、トランプはプーチンに対しウクライナ問題や中東問題で譲歩を迫られるだろう。それは欧州（NATO／EU）にとって到底受け入れられるはずもなく、トランプ政権になってただでさえ良好とはいえない米欧関係が冷え込む恐れがある。

日本を起点として米国と中国との距離を測れば、中国のほうが圧倒的に近い。この距離の問題は軽視されがちだが、戦略的に見れば様々な意味を持っている。そのことは、韓国の朴前大統領が米韓同盟に逆らって習近平政権に接近した経緯・様子を見れば理解できるだろう。

ところで、米中のパワーバランスのイメージは105ページ前掲の第5図「北東アジアにおける米中パワーバランスの推移」の通りである。この図から分かるように、冷戦時代の米中のパワーバランスの均衡点は、朝鮮半島の「38度線」付近であったと思われる。しかし、近年中国が台頭し米国が凋落傾向にあり、その均衡点は東方に移動しつつある。オバマ政権下では、韓国はもとより、日本までも限りなく中国のパワー優勢圏内に入りつつあったのではないだろうか。

しかしトランプ政権が軍事力を再強化すれば、パワーバランスの均衡点は再び西方に押し戻すことができるかもしれない。米国の軍事力強化の財源確保は、ひとえにトランプノミクスによる米国経済の復活いかんにかかっている。

いずれにせよ、われわれ日本人は米国、中国、ロシアという巨峰の谷間にある地政学上の宿命を肝に銘じ、どんな三国関係の中でもしたたかに生き残る覚悟、強い意志、柔軟な思考、外交・軍事政策が必要であろう。

日米同盟の本質

戦後の日米関係は、米国が作って日本に〝下賜〟した日本国憲法——特に第9条——と、日米安保条約によって律せられてきた。戦後の日本を馬にたとえれば、憲法第9条と日米安保条約という「二本の手綱」により、米国によりコントロールされるところとなった。

敗戦で衰亡した日本は、国家の大戦略（グランド・ストラテジー）として、吉田ドクトリンを据えた。吉田ドクトリンでは、日本国憲法第9条——戦争放棄と戦力不保持——という、米国が意図的に仕組んだ制限の中で、日本独自の国防は軽武装に限定して、安全保障の多くを米国に担ってもらうこととした。その上で日本政府は国防予算を切り詰め、戦後の経済復興を最優先政策とすることを大方針とした。吉田ドクトリンは、半世紀以上を経た今日も基本的には継続している。

敗戦直後の荒廃の中、日本が吉田ドクトリンを採用したのは、やむを得なかったのかもしれない。憲法9条に縛られれば、日本は軽武装しか持てない。重武装のソ連軍が北海道などに攻めて来れば、歯が立たない。そこで日米安保条約により米軍の力で反撃してもらい、ソ連軍を撃退する——そんなアイディアが当時は自然に受け入れられたのだろう。

日米安保条約は、日本が一方的に守ってもらうだけという「片務性」が特徴だ。それでは米国には利益がないのか。とんでもない、米国は、アジア・中東に戦力を投射できる地勢にある日本——経済・技術力に富んだ国——に基地を置けるのだ。そして安保条約の片務性という不平等な関係ゆえの日本政府の「不本意な負い目」に付け込んで、これまで在日米軍基地——世界一恵まれた海外基地——を最大限に利用しながら世界覇権を維持してきたのだ。また、自前の国防ができない日本は半独立国家のようなもので、政治・外交・軍事的に米国が思うようにコントロールできた。

リベラル派の吉田茂は、東条総理から反戦工作を疑われ、「ヨハンセン（吉田・反戦）」という符丁（コードネーム）で呼ばれるなど弾圧された。こんな経緯から、旧軍に対する恨みが骨髄に徹していた感があり、吉田ドクトリンを採用したのかもしれない。しかし、その吉田も半世紀以上も吉田ドクトリンが生き続けるとは思わなかったのではあるまいか。その証拠に、防衛大学校1期生の入校式後の午餐会の席（新聞記者などは不在）で、吉田がこう話したとある1期生から聞いたことがある。「もう少し辛抱してくれ。警察予備隊から国防軍にするからな」。

ローマ史に精通した塩野七生氏は、『マキアヴェッリ語録』の中で、「自らの安全を自らの力によって守る意志を持たない場合、いかなる国家といえども独立と平和を期待することはできない」と書いている。軍隊アレルギーが強かった吉田といえども、国防軍の必要性は重々承知していたはずだ。吉田は、天上から今日の日本の国防をどう見ているのだろうか。

日本が米国の「飼い犬」状態に慣れてしまえば、いつの日か捨てられた時には野良犬となる。野良犬となった日本は、「飼い犬根性」が抜けなければ自立できず、保健所の管理下（国連の信託統治下）に置かれるか、別の飼い主——中国やロシア——にすがるというブザマな末路をたどるしかない。日本は万難を排して、雄々しい野生の日本狼に戻るべきだ。

なぜ自主防衛体制の強化が必要なのか
――ジャパン・ディフェンス・パラドックス

トランプは、選挙期間中、日本の自主防衛力強化や核武装容認とも受け取られる発言をしていた。「世界の警察官」の役割を放棄しつつある米国の現状を見れば、トランプの発言がまったく唐突なものとは思われない。

戦後、日本の国防は日米安保障体制を基調としてきた。しかし「中国の台頭と米国の凋落」という流れの中で、従来から日米同盟には「破綻」に至る二つのシナリオがあった。第一は、米国が日本を守れる軍事力はあるのに、自国の都合――例えば中国との戦略的な取引など――で一方的に「日本を見捨てる」事態。第二は、米国の経済が減速する中で、国防予算の大幅削減を余儀なくされ、事実上日本を守る軍事能力がなくなる事態。

今次、トランプ政権誕生により、三つ目のシナリオが登場した。彼の議会演説で明らかなように、米国は自ら米軍を強化するだけではなく、同盟国の軍事的な対米貢献（対米アシスト）を要求している。もしも日本が自主防衛力強化を怠るならば、トランプは日本を見捨てる可能性がある。

ビジネスマン出身のトランプの登場により、この三つ目のシナリオが現実性を帯びてくるのではないだろうか。いずれにせよ、日本は米国の一方的で身勝手な対日戦略変更に備えるためには、密かにそして強かに自主防衛体制を強化する地道な努力が不可欠だと思う。

自主防衛体制を強化しなければならない理由には、実は四つ目のきわめてデリケートな理由がある。先に分析したように、米国がエアシーバトル構想とオフショアコントロール戦略を実施することになれば、わが国は何としても自主防衛力強化を急がねばならない。トランプ政権がこれら構想・戦略を採用した場合、米中激突に先立ち、米軍（家族・軍属も）は在日米軍基地からハワイやグアムなどの遠方に退（逃）避し、日本だけが中国のミサイル攻撃などでサンドバッグのように打撃される恐れがあるからだ。

まえがきでも述べたが、日米同盟・安保条約は、平時には中国の脅威を抑止してくれる有難い「良薬」になるが、有事には日本を地獄に陥れる「毒薬」にもなりかねない。日本は平時において日米同盟・安保条約を堅持する必要があるが、有事には米国と一定の距離を取る場合も必要となろう（ジャパン・ディフェンス・パラドックス）。これは、なかなか解決困難な問題だ。米中激突の際、米国に追随することにより、おびただしい数の日本人の生命が脅かされる恐れがある場合には、躊躇せず「中立宣言」を行なうなどの柔軟性と勇気が必要ではなかろうか。そのための外交上の担保としても、自主防衛力の強化は避けて通れない。

国防政策を充実・深化させるための提案――首相統裁による指揮所演習

指揮所演習とは、軍事研究や訓練の手法の一つで、旧軍では兵棋演習とも呼ばれていた。図上において想定したシナリオに従い、敵と我の作戦計画に基づき、敵と我の部隊を「兵棋」に置き換えて、時間の進行に従い、戦闘の様子を再現（シミュレーション）する。指揮所演習では、その戦闘シミュレーションの展開を克明に記録・検証して、彼我の戦略・作戦計画の有利な点や、問題点・対策などを明らかにする。

旧軍では陸軍の参謀本部や海軍の軍令部、あるいは関東軍や連合艦隊などの実戦部隊において、作戦実施に先立ち、兵棋演習が行なわれた。例えば、山本五十六大将麾下の連合艦隊が起案したミッドウェイ攻略作戦に関しては、１９４２年５月に海軍のトップ１００名（将官や参謀）を広島の呉軍港に集めて、大規模な兵棋演習を行なったという。

兵棋演習においては、作戦地域の地形図や海図、敵と我の部隊・艦隊などを示す赤と青の軍隊・艦隊符号、敵と我が偶発的に交戦する際の勝敗を決めるサイコロ、火力の効力を規定する火力指数などが必要であった。

現代の指揮所演習では、コンピューターなどの電子機器やソフトウェアなどをフルに活用して、旧軍時代よりもはるかに精密・効率的に実施される。

私は、国家的な危機対処計画の作成・検証に、政府レベルの指揮所演習の実施を勧めたい。

指揮所演習で検証すべき、わが国政府レベルの国家的な危機対処計画とは、以下のようなものが含まれる。

(1)軍事作戦計画：①尖閣諸島をめぐる日中の紛争、②朝鮮半島有事におけるわが国の対応、③台湾をめぐる軍事紛争など。

(2)災害対処計画：①南海トラフ地震対処計画、②東京都直下地震対処計画など。

(3)その他：①パンデミック対処計画、②深刻な原発事故対処計画など。

従来、尖閣諸島をめぐる日中の軍事紛争については、陸海空自衛隊がその対処計画（作戦計画）を検証するために指揮所演習を実施していたものと思う。しかし、事の重大さを考えれば、首相統裁の指揮所演習にレベルを上げて、すべての国家行政組織や地方自治体をも参加させ実施すべきである。国家的な危機事態に関する首相主催の指揮所演習においては、首相（NSC補佐）が状況判断・決断し命ずべきことや、防衛省・外務省・警察庁・財務省・国土交通省などがやるべきことを細大漏らさずリストアップし、計画に反映させなければならない。

指揮所演習を実施すれば、「頭の中の思考」だけでは明らかにならなかった「問題点」、「打つべき手」やその「責任区分」が明確になる。安全保障問題では、防衛省以外は「われ関せず」という立場の各省庁や自治体などの責任が明確になる。今まで各省庁は「オイシイ」ことについては、省益を確保するために超積極的に活動してきた。今後は、有事責任という「嫌な役回り」もしっかりと果すことが求められる。安全保障は国の総力であたらなければ全うできないものだ。

この指揮所演習の効用として第一に、我が国に危機が迫っている事態を関係者に深刻に認識させること。第二に、総理や閣僚の軍事音痴を是正し、的確な状況判断の訓練ができることが挙げられる。米中衝突事態などにおいて、総理や閣僚が国民の運命を決める重大な状況判断を迫られる局面があるだろう。太平洋戦争においては、御前会議で判断を下した。今の政治家のほとんどは軍隊・自衛隊の経験が皆無で関心も薄い。そんなわけで、菅直人首相自身が「自衛隊の最高指揮官だとは知らなかった」という椿事があったほどだ。指揮所演習は、シビリアンである政治家が己の重責を自覚し、軍のコントロール術（シビリアンコントロール）を磨く絶好の機会になるだろう。このことは官僚にとっても同じである。上級公務員試験に受かっただけでは、国家の興廃を担う仕事はこなせない。

第三は、軍事と外交の吻合である。軍事と外交は国家運営の両輪といわれる。日米中の間で展開される軍事上の駆け引きを外務大臣・官僚がしっかりと理解し、状況に応じた柔軟な外交――場合によっては日米安保条約の縛りの中で〝中立宣言〟をも辞さない――が必要になると思われる。日本行政組織の縦割りの弊害を除去する上で、首相主催の指揮所演習は絶大な効果があるだろう。

第四は、各種有事対処計画の精度の向上が期待できる。統合幕僚長が起案した各種防衛計画や内閣府が策定した基本防災計画などを指揮所演習により検証し是正することにより、その精度が向上できるだろう。

第五は、防衛予算の精査と重点配分の対象の明確化ができることだ。各種防衛計画を指揮所演習で検証することにより、防衛予算の総額とその編成の方針が明らかになるだろう。従来は、軍事についてまったく知見のない財務官僚が場当たり的な編成を行なってきた。

自主防衛の強化を目指す二段階の日本防衛体制強化論

私は、以下のように二段階で自主防衛体制を強化すべきだと思う。

第一段階の自主防衛体制の強化は、「米国が日本を見捨てる」というシナリオを念頭に置いたもので、「米軍を日本防衛のために引きとどめる」という観点から講じるものだ。そのようなことは、すでに現在安倍政権が実施しているものと思う。

日本は当面、戦後一貫して堅持してきた日米同盟に国防を依拠することを前提に、日本の役割分担を増やす覚悟が必要である。トランプ政権は、アジアにおいて引き続き中国に対抗して覇権（既得権益）を維持したいのは山々であろう。日本が「米国から見捨てられないため」には、トランプ政権のアジア・太平洋戦略（対中国戦略）に可能な限り協力して、米国の中国に対する覇権を維持・確保できるようにアシストしてやることが必要だろう。第一段階における目標は、日米安保条約の「片務的」状態をできる限り解消し、努めて「双務的」状態に近づけることだ。日本が、「米国のポチ」状態から脱して、対等に物を言えるようにするためには必須である。その意味で、安倍政権が集団的自衛権の行使を容認した憲法解釈の変更を行なったのは画期的な前進だ。

第二段階の自主防衛体制強化は、トランプノミクスが失敗するケースを想定したものだ。そうなれば、米国は国防予算を大幅に削減せざるを得なくなり、真に頼りにならない同盟国に転落し、事実上日本を防衛する能力がなくなる。この段階においては、第一段階の防衛努力を引き続き加速し、最終的には〝日本のみで最小限、自主防衛が可能な国防体制〟を構築することを目指す。第二段階では核武装をも想定している。核兵器不拡散条約

（ＮＰＴ）の空洞化の流れを鑑みれば、わが国は核武装を避けては通れないだろう。「最小限、自主防衛が可能な国防体制」には、日米同盟に代わる米国をも含む中国、ロシア、インド、オーストラリアなどの大国との新たな外交関係の構築も含まれよう。安倍総理の対ロシア外交アプローチは、新たな外交関係についての模索であろう。

いずれにせよ、このような自主防衛努力は、「米国・米軍を日本につなぎ止める作用」のみならず、「米中激突に際して、日本が望まない場合には、『米国と間合いを取る（中立宣言など）』ための余裕」をもたらすだろう。米中激突に自動的に巻き込まれないためには、一定の自主防衛力を保持し、外交的なフリーハンド（自主裁量の余地）を確保しておかなければならない。

離島を活用した「水際以遠の国防戦略」への転換を

『平成27年版防衛白書』の中で「陸上の防衛のための作戦では、着上陸前後の敵の弱点を捉え、できる限り沿岸海域と海岸地域の間や着陸地点で対処し、これを早期に撃破することが必要である」と述べている。そのイメージとして第19図を掲げている。この図によれば、敵を「沿岸海域と海岸地域」で打撃することを追求している。

第19図　陸上防衛のための作戦の一例

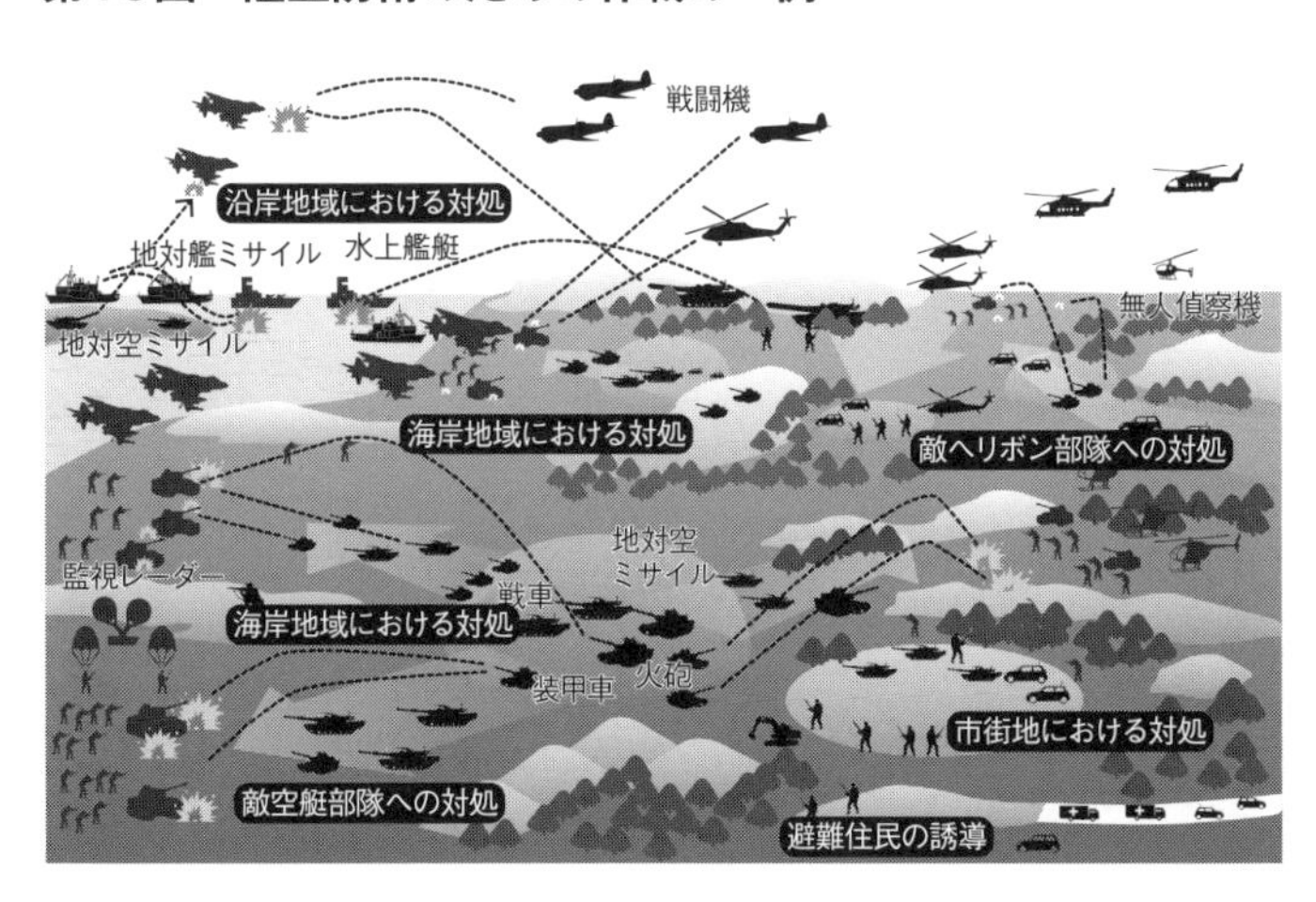

ちなみに「陸上の防衛のための作戦」の細部については、『25年版防衛白書』のほうが詳しい。それによれば国土防衛作戦は、「沿岸海域における対処」「海岸地域における対処」「内陸部における対処」の三段階で実施する方針であることが明記されている。

注目されるのは、「内陸部における対処」で、次のように述べていることだ。

「万一、敵地上部隊などを上陸または着陸前後に撃破できなかった場合、内陸部において、あらかじめ配置した部隊などにより、戦闘機による支援のもと、敵の侵攻を阻止する（持久作戦）。この間に、他の地域から可能な限りの部隊を集めて反撃に転じ、侵攻した敵地上部隊などを撃破する」

さらに白書では「侵攻国は、侵攻正面で海上・航空優勢を得た後、海から地上部隊を上陸、空から空挺部隊などを着陸させることとなる」と述べている。「侵攻国」を「中国」と読み替えれば、リアルにイメージできる。筆者が問題・疑問視するのは次のようなことだ。この防衛白書の説明に従えば、中国は日本の国土に侵攻する前には、当然のことながら、海上自衛隊と航空自衛隊さらには日米安保条約に基づき来援した米海空軍をも撃破し、海上・航空優勢を獲得していることになる。そうでなければ、中国軍は上陸作戦など不可能である。私の疑問は、「海空自衛隊などが撃破された状態の中で、日本は引き続き第三段階目の『内陸部における対処』――国土内の戦闘――を実施する必要性・可能性があるのか」ということだ。

人口稠密な日本の国土内における戦いは、国民の生命と財産に甚大な被害がおよび、太平洋戦争末期の沖縄戦の惨状を呈するであろう。私は絶対に反対である。海空自衛隊が海上で中国の侵攻を阻止できなければ、ただちに外交チャネルで交渉し、妥協点を見出し、早急に鉾をおさめて国土内における陸上戦闘を回避すべきである。

かつて太平洋戦争の終盤においてさえも、天皇は「国体の護持」を唱える軍部を抑えて、「ポツダム宣言を受諾し、本土決戦を止める」というご聖断を下された。もしも日本がポツダム宣言を受諾せず、米軍を中核とする連合国軍が「ダウンフォール作戦」――日本本土上陸作戦――を実施していたなら、その悲劇・惨害は計り知れないものになっていたことだろう。今日の日本の復興があったかどうかさえ疑わしい。

もちろん防衛白書において「海空自衛隊が破れたら、日本は国土内における戦闘はやらない。『白旗』を掲げて、終戦交渉を行なう」とは書けない。内外に対する宣伝資料でもある同書では、「日本はいかなる犠牲も厭わず、あくまでも国土防衛を敢行する」という意思を内外に表明する必要から、このような記述内容になっているものと推察する。

「水際以遠の国防戦略」とは、中国軍やロシア軍が日本に侵攻したら、水際以遠の海上と空中で撃破し、上陸を許さないという「国防のやり方（戦略）」である。もちろん中国軍やロシア軍がテロやゲリラ、さらには空挺攻撃やヘリボーン攻撃を行なう場合は、ただちにこれを陸上自衛隊主体で対処し、撃破する。

「水際以遠の国防戦略」においては、従来のように、「海上に引き続き陸上（内陸部）でも戦う」というやり方から「海上（それに連動する空中を含む）で敵を撃破して、敵を水際以遠で阻止することを目標として、内陸部で行なう戦闘――国土戦――は原則として止める」という大きな変更がある。

中国を海上で阻止するというこの戦略は、中国が対米戦略として採用している「接近阻止・領域拒否戦略」に似ている。

ただし、いったん中国軍やロシア軍との戦いが始まれば、日本としても敵の領海・領空はもとより、今後は敵基地に対する攻撃をも実施できるようにすべきである。「水際以遠の国防戦略」においては、離島を最大限活用し、なるべく本土（北海道・本州・四国・九州）から、遠いエリアで敵と交戦できる態勢を作るべきだ。まるで〝ヤアラシ〟が長く鋭い針毛（トゲ）を逆立てるように。

では、なぜ「水際以遠の国防戦略」を採用するべきなのか。

第一の理由は、人口稠密な国土戦を回避して国民の生命財産の損失を最小限にするためだ。そもそも国防の本旨は、国民の生命財産を守ることにあるはずだ。

第二の理由は、米国のエアシーバトル構想やオフショアコントロール戦略との整合やこれに対する貢献である。中国が米海空軍を第一列島線内（東・南シナ海）へ侵入させない戦略で対抗するのに対し、米国はこれら二つの構想・戦略に基づき、中国が東・南シナ海を内海化するのを阻止し、第一列島線以内に中国海軍を封じ込めようとしている。

中国の「接近阻止・領域拒否戦略」に対抗する上で、米国にとって沖縄を含む南西諸島の価値は絶大である。わが国が「水際以遠の国防戦略」により南西諸島を確保し続けることができれば、中国のこの戦略は成り立たない。

第三の理由は、米国の対中国核戦略への貢献である。米海軍は有事に際して、在沖縄米軍基地を含む南西諸島を「盾」として活用し、東・南シナ海、特に南シナ海に進入し、中国海軍を攻撃することを追求するだろう。米中戦争がエスカレートする究極の戦いは、核ミサイルの応酬となることが想定される。その際に決め手となるのは、存在位置が探知困難な弾道弾ミサイル搭載原子力潜水艦なのだ。中国は、射程８０００km以上と推定される「ＪＬ-２」弾道ミサイルを搭載した晋型原子力弾道ミサイル潜水艦を海南島三亜の洞窟基地から南シナ海に展開する計画で、そのために、南シナ海を聖域化しようとしている。

米国としては、対中国核戦略上、何としても中国による南シナ海の聖域化を阻止する方針だろう。日本が「水際以遠の国防戦略」に基づき、南西諸島を活用して陸・海・空自衛隊の戦力を集中して中国の海空軍に対抗するやり方は、中国による東シナ海の内海化を妨げ、ひいては米海軍が南シナ海の内海化を阻止する戦略に貢献するものと思われる。

このように、「水際以遠の国防戦略」は、米軍の戦略——究極的には米国の〝国益〟——に最大限整合・貢献するものである。これにより日米安保条約に基づく米国の対日防衛のコミットメントがいくぶんかは強化できるのではないだろうか。

では、離島を活用した「水際以遠の国防戦略」が想定している地域はどこなのか。

第一に、壱岐・対馬・五島列島ラインと、第二に南西諸島ラインである。いずれの正面も仮想敵は中国軍である。壱岐・対馬・五島列島ラインは、中国軍が朝鮮半島を回廊として利用し、日本に侵攻する脅威を阻止するものだ。また、南西諸島ラインは、中国軍が同ライン伝いに北東方向に九州を目指して遡上・侵攻するのを阻止するものだ。

なぜ壱岐・対馬・五島列島正面が危ないのか。先に「朝鮮半島の地政学」の項で、「米軍は外線作戦を、中国人民解放軍は内線作戦を実施」すると説明したが、内線作戦を行なう中国にとって、わが国周辺では「台湾正面」と「朝鮮半島正面」という二つの最重要戦域がある。現状では、「朝鮮半島正面」は在韓米軍・在韓国連軍と韓国軍が存在し、わが国に対する中国の脅威は顕在化していない。

しかし、韓国では、朴前政権が採用した「離米・従中」という外交政策の流れは依然存在し、本来朝鮮半島有事における支援後拠であるはずの日本に対し、従軍慰安婦問題などを具に今も頑なに〝反日〟の嵐が吹いている。

朴前大統領はいわゆる崔順実ゲート事件により、失職、逮捕に追い込まれた。次期韓国大統領選挙が5月9日に行なわれる予定。選挙結果次第では、引き続き中国に傾斜する可能性が高い。

韓国は竹島問題を顕在化させ、さらには対馬に対する関心さえも隠そうとはしない。まさに21世紀における「元寇」の環境が整いつつある観がある。

このような情勢に鑑み、日本はいち早く壱岐・対馬・五島列島の防備強化について検討し、最悪の事態に対する布石を打つべきであろう。防衛体制確立には時間がかかる。

「水際以遠の国防戦略」を採用すれば、「海・空自衛隊重視」となる。海・空自衛隊の質と量を大幅に増強する必要がある。限られた財政でこれを実現するためには、陸上自衛隊の態勢を抜本的に見直す必要がある。

平成28年度防衛予算の陸海空自衛隊への配分は、陸自が35・９％（１兆７４８９億円）、海自が24・６％（１兆１９５４億円）、空自が23・０％（１兆１１９６億円）となっており、陸自に対する予算が多い（その主体は人件費と食費）。また、平成28年の年間平均人員数は陸自が13万９８５３人、海自が４万２０１５人、空自が４万２０１５人で、陸自が圧倒的に多い。

このような陸海空自衛隊の予算と人員を抜本的に見直し、陸海空自衛の任務・役割の優先度に応じて、与えられる防衛予算と隊員を按分（再配分）する必要がある。

陸上自衛隊はこれまでの任務を大幅に変更すべきだ。「水際以遠の国防戦略」における陸上自衛隊の任務は次の通り。

①北海道におけるソ連軍の着上陸侵攻に対処できる態勢を保持。

このために北海道に戦車主体の第7師団の重戦力を維持する。戦車や野戦砲（大砲）は北海道に集中配備。

②本州・四国・九州においては、テロやゲリラ対処のためにヘリ機動部隊、空挺部隊および特殊作戦部隊のほか機動打撃力のある旅団クラスの戦力を複数保持。

③「水際以遠の国防戦略」のための対艦ミサイルや巡航ミサイルなどの大量保持。また、敵基地攻撃のために地上配備の弾道・巡航ミサイルの開発・装備を目指す。

④治安出動任務、災害派遣任務、ＰＫＯ任務は不変。治安出動任務および災害派遣任務のためには、大きなマンパワーを必要とするので、後で述べる救国・救命隊制度創設により一定の訓練を終えた要員５００万～１０００万人を予備兵力として増勢。また、ＰＫＯ任務については専任部隊を編成する方向で検討。

⑤南西諸島など離島防衛のため日本版海兵隊を創設。

これについては安倍政権下で策定された防衛計画の大綱（25大綱）で「水陸機動旅団」の新設が明示された。

⑥救国・救命隊制度創設に伴う膨大な教育訓練の実施。

救国・救命隊制度を導入すれば、年間の教育所用は数十万人にのぼる。これらの教育は主として陸上自衛隊が行なうことになる。

第20図　防空のための作戦の一例

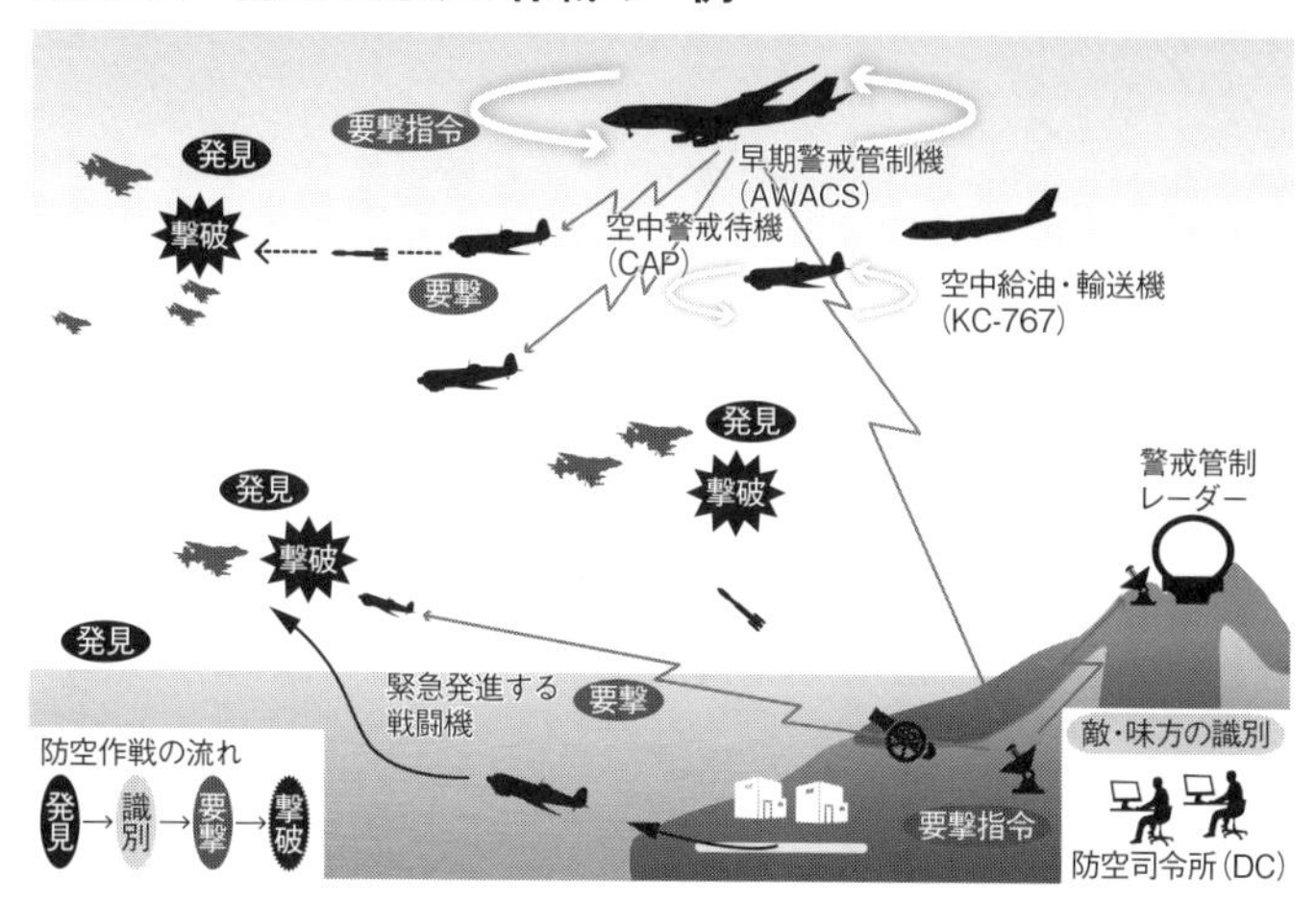

第21図　周辺海域のための作戦の一例

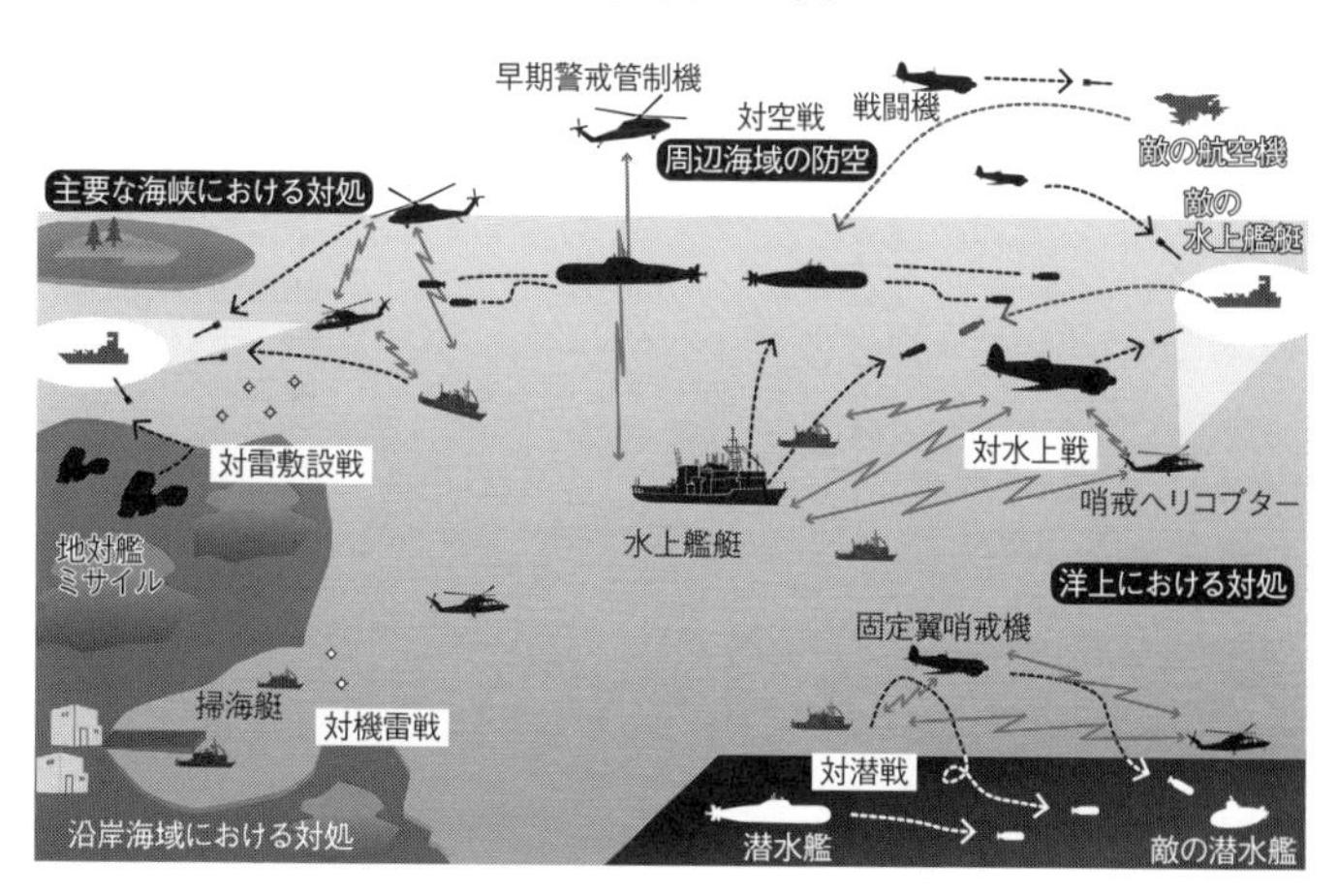

私は元陸上自衛官であり、愛着も強く、陸上自衛隊を大幅にリストラすることには忸怩たる思いがある。しかし、限られた予算とマンパワーで、敵に国土を踏ませない戦略を採用し、新たな国防戦略を実施するためには陸上自衛隊の大幅リストラは避けられないだろう。

では「水際以遠の国防戦略」における戦い方のイメージはどのようなものになるのか。それは『平成28年版防衛白書』に示された第20図「防空のための作戦の一例」と第21図「周辺海域の防衛のための作戦の一例」を合わせたものが示唆してくれよう。

中国の侵攻が懸念される南西諸島（沖縄を含む）の防衛要領

日本の防衛を考える時、朝鮮半島正面とともに中国の脅威が高まっている南西諸島の防衛について「水際以遠の国防戦略」を採用する場合のポイントについて説明したい。

離島を活用した防衛の実施要領は、簡単に言えば、中国が実施している「接近阻止・領域拒否戦略」の日本版である。離島を活用した水際以遠の国防戦略においては、前述の「防空のための作戦の一例」と「周辺海域防衛のための作戦の一例」のような海空自衛隊主体の防衛作戦により「寄らば斬るぞ！」と最大射程距離で中国の艦船や航空機の接近を阻止する戦いを行なうものである。

離島の軍事的な利用は大きく分けて、二つの利点がある。第一は、情報の面で離島を活用することにより、つとめて遠くからいち早く敵の動きをキャッチできる可能性があること。第二は、離島をプラットフォーム（武器や戦闘部隊の投射基盤）として活用することにより、武器の射程を延ばせることだ。

ここで決め手となるのは、遠方で敵の動向をキャッチできる情報能力である。敵の動きについての現行の収集手段は、防衛駐在官などのヒューミント、偵察衛星、無線傍受の他、航空自衛隊のレーダーサイト、早期警戒管制機（ＡＷＡＣＳなど）、海上自衛隊の対潜哨戒機（Ｐ－３ＣとＰ－１）、哨戒ヘリコプター、潜水艦、水上艦艇、水中固定聴音装置、陸上自衛隊の各種レーダー、監視所などがある。

離島を情報面で活用する場合は、離島（無人島も）を不沈・不動艦艇に見立てて、その上に地上レーダー、水中固定聴音装置、無線傍受システム、監視哨などを設置できる可能性がある。また、これらの情報を伝達する際の通信ネットワークを設置する場所としても活用できよう。

離島は、各種地対艦ミサイルや防空ミサイルを設置できる浮沈・不動のプラットホームとしても活用できる。

前項で、「日本の『水際以遠の国防戦略』は、米国のエアシーバトル構想やオフショアコントロール戦略と整合をはかり、これに貢献するものだが、この構想・戦略を実行する上で沖縄を含む南西諸島の価値は絶大である」と述べた。

このことに関し、ここで改めて南西諸島の戦略的な意義・価値について考えてみたい。まず日本にとっての意義・価値だが、南西諸島特に沖縄は「日本が米国をつなぎ止めるための〝蝶番（ちょうつがい）〟」と言えるだろう。米国のアジア・中東・アフリカ・戦略において、沖縄は極めて重要な戦略的要地なのである。中国の脅威がいくら高まろうとも、米国が中国の南西諸島進出（奪取）を許さない限り、現在の米中の軍事バランスでは中国は絶対に手を出せないだろう。中国にとって、第一列島線を突破するためには、南西諸島は是非自国の支配下に置きたいことだろうが。もしも沖縄に米軍・米軍基地がなければ、中国が軍事的に南西諸島に侵攻する上で〝敷居〟が低くなるだろう。南西諸島は、そこに米軍が駐留することにより、はじめて中国に対する絶大な抑止効果を生むのだ。南西諸島（沖縄）は米軍駐留とセットにしてこそ日本にとって意味があるのだ。〝飽和攻撃〟ができるほど多数の中国の中・短距離ミサイルの射程内に入る沖縄に、米軍・米軍基地が存在することこそ、日米安保条約の実効性を担保する証である。〝在沖縄米軍人質論〟がささやかれる所以だ。

南西諸島はわが国から中東に向かうシーレーンの安全上からも重用だ。このシーレーンはおおむね南西諸島の東側を通り、バシー海峡を抜けて、マラッカ海峡、インド洋へとつながる。もしも南西諸島が中国の影響下に置かれるようになれば、加工貿易立国日本の生命線――シーレーン――が脅かされることになる。

次に、米国にとっての南西諸島の意義・価値について述べたい。前述のように、沖縄はこれまではアジアから中東・アフリカに及ぶ広大な地域に米軍を投射（パワープロジェクト）する上で重要な拠点だった。

今日、中国に対抗しリバランス（巻き返し）を図る米国にとって、南西諸島は中国の第一列島線突破を阻止する上で、重要な「防柵」となる。この南西諸島という「防柵」は、台湾、フィリピン、ボルネオと連接して第一列島線となるものだが、1カ所でも「穴」が開けば、瓦解する可能性がある。米国にとって、この第一列島線に包含される重要な〝国家〟で、中国が「核心的利益」と位置付けるのが台湾である。南西諸島の一部に中国の手がかかれば、台湾の独立は危うくなる。すなわち、日台間では、外交上の紐帯は弱いものの、軍事戦略的に見れば南西諸島と台湾はいわば〝一体不可分〟の関係にある。

中国にとって、南西諸島は太平洋進出を阻む厄介な「防柵」を形成している。目下この「防柵」を突き崩そうと尖閣諸島に狙いを絞り、執念深く且つ計画的にアプローチをしている。「一つの中国」を原則とする中国にとって、台湾統一は悲願である。中国が南西諸島を一部でも支配下に置けば、軍事的にも政治的にも、台湾の統一に多かれ少なかれ寄与することになろう。また、政治的に見れば、中国が南西諸島の一部にでも手をかけることになれば、日米安保条約の信頼性は吹き飛び、中国は日米分断を達成することができる。

このような南西諸島の戦略的な意義・価値に鑑み、①米軍と基地を沖縄にとどめ置くこと（そのためには、普天間基地移設問題の早期解決が不可欠）、②わが国が総力（官民、軍事・非軍事の努力で）挙げて南西諸島を中国に侵食されないように防衛すること、が重要である。

南西諸島の防衛は、現行の規定では、有事に任命されることになる在沖縄統合任務部隊指揮官が指揮を執り、陸海空自衛隊の部隊を運用することになる。

事態が緊迫して、あわてて在沖縄統合任務部隊指揮官を決め、陸海空自衛隊の部隊を選ぶのは「泥棒を捕らえて縄を綯う」ようなものだ。南西諸島防衛を任務とする司令官・司令部および部隊を平時から常設すべきである。すなわち、南西諸島を効率的・現実的に防衛するためには、あらかじめ在沖縄統合任務部隊指揮官を任命し、スタッフ組織を編成し、

C4ISR（指揮・統制・通信・コンピューター・情報・監視・偵察）が完備した司令部施設（地下・抗堪化）を整備することが必要だ。その上で、在沖縄統合任務部隊指揮官は、作戦計画を策定し、隷下に入る部隊を編成し、しっかり掌握して、日頃から「統合機動防衛訓練（25大綱の文言）」を行なうのがもっとも望ましい。また、同指揮官は、在沖米四軍調整官（海兵隊中将）などとも平素から緊密に連携する。

在沖縄統合任務部隊指揮官としての有資格者は陸自の西部方面総監、自衛艦隊司令官、航空総隊司令官などであるが、西部方面総監をあてる場合には、①南西諸島の防衛（中国の南西諸島沿いの侵攻）と②九州防衛（中国の朝鮮半島方向からの侵攻）の二つの任務を付与することになるので適切ではない。また、自衛艦隊司令官、航空総隊司令官は、オールジャパンの作戦を行なう立場であり、南西諸島のみに集中するのは適当ではない。したがって在沖縄統合任務部隊指揮官ポストは新設すべきものと考える。

さらに南西諸島の島民に、防衛力強化のための部隊配置などを受け入れてもらうための施策が必要になってくる。

①島民疎開計画・準備の完備

必須のことは「離島民の生命・財産」を守ることである。かつての沖縄戦のような住民を犠牲にして本土の国民を守るという考えは絶対に許されない。五島で生まれ育った私は強くそのことを主張したい。

そのためにはどうするか。事態が緊迫すれば、島民を疎開させる手立てを完璧に講じておくことだ。そのための輸送手段は、資材輸送の自衛隊船舶や航空機の本土への「リターン便」を活用するほか、民間航空機やフェリーなどの民間便を平時から確保しておく。民間航空機やフェリーなどは、平時においては、国庫補助によりその輸送力を維持確保すべきだ。平時、島民に対しては、その使用料金を半額にするなどの恩典を付与すべきだろう。

島に暮らして困るのは、特に医療と教育である。医療については、自衛隊の艦船や航空機で医療チームを巡回させ、島民の医療サービスを確保する措置も必要だろう。また、教育については、島における義務教育のやり方を工夫するとともに、島民の子弟が本土の学校（高校以上）に進学する際は特別な奨学金の支給なども検討すべきだろう。

これらの離島に対する施策はその島の置かれた戦略上の位置により、ランク付けを行い、防衛の焦点になる離島にはもっとも厚く、そうでない離島には薄く行なうべきだろう。

②島民の生計基盤の確立――長崎・五島キリスト教巡礼の旅

離島は現在やせ衰えつつあり、無人島化の恐れのある島が増えている。私はこれを「限界島」と呼んでいる。離島は守るだけでは不十分だ。経済活性化を並行して行ない、住民が安んじて暮らせる生活基盤設定が必要だ。ちなみに私はこのテーマに関し、南西諸島ではなく、五島列島バージョンで「現代版・屯田兵が切り開く、九州・離島の新たな姿」というエッセイを投稿した（http://jbpress.ismedia.jp/articles/-/4495）。同稿では、島の人口が急激に減少しつつある事態を憂慮し、有人島の無人島化阻止を訴え、「長崎・五島キリスト教巡礼の旅」など、国防を念頭に置いた離島振興策を提示した。五島列島・宇久島で生まれた私は離島で暮らす難しさ、楽しさをよく知っている。生活基盤が弱い離島は、防衛の必要性だけでは成り立たない。それぞれの離島の特性に応じた離島振興策を島民とともに考え、支援することが大切だろう。

戦後タブーの全面見直しを

Ⅰ非核三原則

金正恩が米国に対する抑止力の「切り札」として核ミサイル開発に狂奔しているのを見れば分かるように、中国の対日侵攻に対する究極・最大の抑止力はやはり核兵器であろう。現状においても、わが国が日米安保条約により米国に期待する最大のものは「核の傘」に他ならない。しかしその頼みとする米国の対日政策はどうだろうか。

国際政治評論家の伊藤貫氏（ワシントン在住）から2015年12月にメールで「アメリカの対日政策と対中政策」と題する興味深い論文を頂いた。その要点はこうだ。

「米国は、日本をその対日支配システム─日米同盟体制─の罠にはめ（Entrap）、半永久的に、真の独立国家になることを阻止するという方針の下、欺瞞的な対日政策を行ない、米国の国益のために、冷戦時代にはソ連を、今日は中国を封じ込めるために日本を使役している。日本の〝真の独立〟を阻止する上での最優先政策は『日本に核兵器を持たせないこと』だ」

この理論を裏返しに読むと、わが国が米国から独立する〝決め手〟は、核武装ということになる。私は既成事実化した北朝鮮の核武装が、やがて韓国の核武装につながり、台湾や東南アジア諸国にまで拡散するのは時間の問題だと確信している。米国や中国などの核保有国のエゴから生まれた核拡散防止条約（NPT）体制は、早晩崩壊するのは必至だろう。

大戦末期の広島・長崎における被爆のみならず東京電力福島第1原発事故の記憶が新しい日本の世論は、核武装に対しては強い拒否反応がある。しかし、米国の「核の傘」が〝欺瞞〟であることが判明する事態や日米安保条約が米国側から破棄される事態、さらには北朝鮮に続いて、日本に挑発的な韓国の核武装が現実のものとなれば、いくら日本国民とて、〝平和ボケ〟状態のままではいられまい。日本が生き残るためには、〝キレイゴト〟だけでは済まされない。

安全保障は、「転ばぬ先の杖」であるべきだ。日本自らの「核の傘」が必要となる事態を想定し、今から国民世論を喚起し、密かに研究・準備をする必要があると思う。

核兵器保有についての日本の利点は、それを搭載するミサイルも含め高い技術基盤があることだ。また、狭隘な国土という点で敵の弾道ミサイルに脆弱な面もあるが、敵ミサイル防衛のためには、比較的小さな〝傘〟でも、国土を覆うことができるという利点もあろう。さらに、国土の周りに広大な海が広がっており、弾道ミサイルや巡航ミサイルを搭載した原子力潜水艦――敵が捕捉しにくい――を遊弋させるには、絶好の地理的な環境がある。

日本国民が米国から真に独立するためには、被爆などのトラウマを乗り越えて、核武装について真剣に考えるべき時に来ているのではなかろうか。「非核宣言都市」のような左翼のいう絵空事では国民の命は絶対に守れないのだ。

Ⅱノブレス・オブリージュ

フランス語にノブレス・オブリージュ（noblesse oblige）という言葉がある。意訳すると「財産や権力がある社会的地位の高い人々は国家・社会的責任が重い」という意味である。戦前の日本では、兵役と納税は2大責務とされ、皇族も軍務に服していた。戦後は、日本の上層階級の人々が自衛隊に入隊するケースはほとんど無い。

ノブレス・オブリージュというテーマに関して、私は深刻な思い出がある。昭和60年代に陸上幕僚監部広報室に勤務し、新聞記者担当をしていた頃のことだ。当時、朝日新聞社社会部から防衛記者会にE記者が配置されていた。E記者は人間的にも素晴らしく、防衛問題にも精通していた。海上自衛隊の艦船名のみならず、旧海軍の艦船名をすべて諳んじているほどだった。私とも気が合い、中野の自衛隊官舎が彼の帰宅途上にあったことから、深夜ひんぱんに朝日新聞社の社用の車で送ってもらうほどの間柄だった。

ある日、そのE記者から相談を受けた。

「福山中佐殿、実はわが社の山形支局長から電話があり、神町にある第6師団司令部に防衛大学校出身のM師団長を表敬させていただきたいとのお願いがあったのですが、よろしくお願いします」

早速第6師団の広報担当を通じてアポイントをとり、E記者に伝えた。当日、M師団長はわざわざ自衛隊施設を案内した上に、昼食まで供し、支局長の質問にも率直に応じていただいた。

その日の夜のことだった。E記者が陸幕広報室を訪れ、私に礼を述べた後で次のように切り出した。

「福山中佐殿、実は折り入ってお話があります。山形支局長との対談の中で、M師団長が『英国貴族にはノブレス・オブリージュといって、国家の危機に際しては、上層社会の人間が率先して立ち向かうという伝統があります。それに従って、英王室のメンバーも一度は軍隊に入ります。戦前のトラウマもありますが、日本でも皇室の方々が率先して自衛隊で勤務するようになられれば、国民の国防に対する考え方も変わってくるのではないか』という趣旨の発言をされたそうです。山形支局長はこれを記事にして本社に送ってきたそうで、本社では明日の朝刊に出す予定だそうです。一応、福山中佐殿のお耳に入れておきます」

筆者は仰天した。当時（今もそうだが）自衛隊と皇室の関係はタブーとされた。この記事が出れば、結果は火を見るよりも明らかだった。世論は大騒ぎになり、防衛庁どころか政府が窮地に陥る可能性が高いと思った。M師団長はおろか石井政雄陸上幕僚長も瓦力防衛庁長官も更迭されるだろう。もちろん広報担当の私はすぐに辞職しなければならない。

E記者もこのことは、十二分に承知のはずだ。

私はきわどい状況に追い込まれたわけだが、不思議なことに、心が落ち着いて腹が据わり、冷静にE記者に応じることができた。開き直ったからかもしれない。

「分かりました。報道の自由を私がとやかくは申しません。しかし、Eさんも事の重大さは十分にお分かりのはずです。私は山形支局長が取材ではなく、M師団長を表敬すると理解していました。M師団長もこれを信じて、神町駐屯地の施設を案内し、実弾射撃訓練までも見せた上、本音ベースでお話をしたわけです。天下の朝日新聞が『恩を仇で返す』ような仕打ちはされないと信じています」

こんな簡単な対応だったが、誠実で明敏なE記者には十分に意図が伝わったものと思った。彼は完全に私の側に立って本社とやり取りし、防衛庁本庁舎にある記者専用の部屋から途中経過を報告してくれた。

「福山中佐殿、本社はあの原稿を特ダネと見る連中もおり、中々取り下げようとしません。私も必死に説得しています。もう少し待ってください」

「大丈夫ですよ。私は朝日の良心を信じています」

こんなやり取りが続いた後、締め切りの夜中過ぎに、E記者が陸幕広報室を訪ねてきて、朝日新聞が件の記事を取り下げる決断を下したことをこっそりと私に告げた。そして、いつものように朝日新聞の社用車に乗り、2人で家路についた。

いまから四半世紀も前の出来事だ。この出来事は、自衛隊では私の他は誰も知らない。

当時も今も、ノブレス・オブリージュについて述べられたM師団長のお考えは正しいと私は思う。

ノブレス・オブリージュにちなんで、最近、私にとってはうれしい出来事があった。知り合いの国際弁護士――英語がネイティブ並みで欧米などの法廷で闘争できる稀有な人材、エネルギッシュに世界を飛び回って大活躍――が、50歳を過ぎてから予備自衛官補（法務）の幹部自衛官（2等陸佐）に志願されたことだ。

米中の激突が懸念されるなど四方の海に波風が立ち騒ぐようになった昨今、日本でも諸外国並みに上層階級の人々が率先して国防に参加することを期待したい。

Ⅲ救国・救命隊制度の創設

南海トラフ巨大地震は、静岡県の駿河湾から九州東方沖まで続く深さ約4000mの海底のくぼみ「南海トラフ」で発生することが想定される地震である。トラフ沿いの太平洋沿岸を強い揺れと津波が襲い、最悪の場合、死者が約32万人に上ると見積もられている。

東日本大震災の際の災害派遣では、ピーク時には約10万7000人の自衛官が投入された。これは自衛隊の実員約23万人の半分近い数だった。東日本大震災における自衛官の投入実績（10万人以上）から、東日本大震災の死者・行方不明者（1万8550人）と南海トラフの推定死者数を単純に比較して計算すると、南海トラフ巨大地震の際の災害派遣には約172万人が必要となる。現在の自衛隊の規模・隊力では到底賄いきれない。

もう一つのケースとして、わが国が中国と戦争を行なうことになれば、自衛隊は全力で中国との戦闘に当たることになり、国民保護法に基づき、中国の武力攻撃から国民の生命や財産を保護する余力はほとんどないだろう。したがって武力攻撃事態等においても、国民の生命を救うための十分な新たな予備隊力が必要になる。

ちなみに韓国では、軍の予備兵力となる「予備役」が約300万人いる。それに加えて戦争や大規模自然災害などの事態に国民の生命を保護する役割を持つ「民防衛隊」が400万人以上存在する。韓国人男性は、その人生を「兵役」、「予備役（8年）」、「民防衛」と順次勤めるのが一般的なパターンとなっている。「民防衛隊」は朝鮮戦争において、韓国軍人が約20万人戦死した一方で、市民の犠牲者は150万から300万人にものぼった反省から生まれたものだ。

日本と韓国（人口約5000万人）の人口差を勘案し、韓国に倣えば、わが国の「予備役」は約600万人以上、「民防衛隊」が800万人以上になる。

南海トラフ巨大地震や中国の脅威を考えれば、わが国はまさに危急存亡の時にあるという認識の上で500万～1000万人規模の〝予備隊力〟が絶対に必要と考える。これらの〝予備隊力〟は、救国・救命隊制度の創設抜きには賄えないだろう。

救国・救命隊制度は、「国家・社会奉仕」という理念に基づき、適齢の若者が受け入れやすいように教育内容にバリエーションを持たせるのがいいだろう。自衛隊の予備戦力としての「予備自衛官コース」、大規模災害派遣時の予備隊力や国家有事の国民保護の予備隊力としての「市民防衛・防災コース」、高齢化社会の老人介護などを主体とする「社会奉仕コース」などに分け、期間やメニューを考えればよい。

自衛隊で長年にわたり蓄積した集団教育のノウハウで若者を鍛えれば、見違えるように逞しくなり、日本の社会全体が活性化するという副次的な効果も期待できよう。

あとがき――米中激突を「第三の黒船」として日本の「回天」を

わが国は、戦後70年近くも、安全保障の大部分を米国に委ねてきた。そんなわけで、日本は、まるで「茹でガエル」が加熱されるのを感じないように危機意識が鈍感になってしまった。

このたびのトランプ登場で、わが国を取り巻く安保環境が風雲急を告げるようになった。こんな時こそ日本人は取り乱すことなく、「狂瀾を既倒に廻らす（形勢がすっかり悪化したものを旧状に戻すというたとえ）」という心意気で逆風に立ち向かう気概を持つべきであろう。そのためには「米国に国防を依存する体制」から脱却し、「自らの国は自ら守る」という強い意志をもって、日本の国防体制を「回天」――衰えた勢いを盛り返す――する必要がある。

日本には大変革を成し遂げる潜在力がある。過去2度の大改革――明治維新と戦後復興――はペリーの来航と太平洋戦争敗戦という大きな危機に見舞われたことがきっかけだった。

日本は究極的には、憲法改正を行ない、自衛隊を国際法で定める軍事組織にし、集団的自衛権を列国並みに保持して自主防衛体制構築を目指すべきである。今後想定される、トランプと習近平の激突を「第三の黒船」と受け止め、戦略家ルトワックの「平和を欲すれば戦争に備えよ」という逆説的論理に従い、日本の自主防衛力強化に向け早急に国論を「回天」させなければならない。

本書の出版は、歴史評論家の倉山満先生からビジネス社の唐津隆社長を紹介していただいた賜物である。また、執筆にあたってはノックザノーイング編集長の本間肇氏から御懇切な御指導を賜った。ここに改めて3名の方々に、心から感謝を申し上げたい。

著者

参考文献

『日本離島防衛論─島嶼国家日本の新国防戦略』福山 隆（潮書房光人社）
『尖閣を奪え！　中国の海軍戦略をあばく』福山 隆（潮書房光人社）
『やたがらすの眼』福山 隆（自衛隊父兄会「おやばと」）
『防衛白書』（防衛省）
『米国東アジア政策の源流とその創設者─セオドア・ルーズベルトとアルフレッド・マハン』谷光太郎（山口大学経済学会）
「エアシー・バトル対オフショア・コントロール」平山茂敏（海上自衛隊幹部学校）
「米国の軍事戦略の歴史的変化と日本の防衛の在り方」用田和仁（日本安全保障戦略研究所）
『醜いが、目をそらすな、隣国・韓国！』古田博司（ワック）
『中国・韓国の歴史歪曲』黄文雄（カッパブックス）

著者プロフィール
福山隆（ふくやま・たかし）
元陸上自衛隊陸将。元ハーバード大学アジアセンター上級客員研究員。昭和22（1947）年、長崎県上五島・宇久島生まれ。昭和45年、防衛大学校応用化学科卒業。外務省安全保障課出向、韓国防衛駐在官、第32普通科連隊長（地下鉄サリン事件時、除染隊派遣の指揮を執る）、陸幕調査第2課長（国外・技術情報）、情報本部初代画像部長（衛星情報）、第11師団（札幌）副師団長、富士教導団長、九州補給処長などを歴任し、平成17（2005）年、西部方面総監部幕僚長・陸将で退官。著書に『最新の軍事理論で読み解く「桶狭間の戦い」』（ワニブックス）、『「地下鉄サリン事件」自衛隊戦記』（潮書房光人社）、『防衛省と外務省』（幻冬舎）などがある。

カバー写真／航空母艦ジョージ・H・W・ブッシュ（US.Navy）

米中は朝鮮半島で激突する

2017年５月１日　第１刷発行

著　者　福山　隆
発行者　唐津　隆
発行所　株式会社ビジネス社
〒162－0805　東京都新宿区矢来町114番地　神楽坂高橋ビル5F
電話　03－5227－1602　FAX 03－5227－1603
URL　http://www.business-sha.co.jp/

〈カバーデザイン〉金子眞枝
〈組版〉茂呂田剛（エムアンドケイ）
〈印刷・製本〉モリモト印刷株式会社
〈編集担当〉本田朋子　〈営業担当〉山口健志

ISBN978-4-8284-1951-0